Traditionen der Befreiung

Sozialgeschichtliche Bibelauslegungen

Band 2   Frauen in der Bibel

Traditionen der Befreiung

Sozialgeschichtliche Bibelauslegungen

Band 2 Frauen in der Bibel

Herausgegeben von
Willy Schottroff
und
Wolfgang Stegemann

Kaiser / Burckhardthaus-Laetare

CIP-Kurztitelaufnahme der Deutschen Bibliothek

Traditionen der Befreiung: sozialgeschichtl. Bibelauslegungen /
hrsg. von Willy Schottroff u. Wolfgang Stegemann.
München: Kaiser; Gelnhausen, Berlin, Stein: Burckhardthaus-Laetare.
NE: Schottroff, Willy [Hrsg.]
Bd. 2. Frauen in der Bibel. – 1980
    ISBN 3-459-01326-5 (Kaiser)
        3-7664-3091-2 (Burckhardthaus-Laetare)

© Chr. Kaiser Verlag München.
    Burckhardthaus-Laetare Verlag Gelnhausen/Berlin/Stein.

Alle Rechte vorbehalten, auch die des auszugsweisen Nachdrucks,
der fotomechanischen Wiedergabe und der Übersetzung.
Fotokopieren nicht gestattet.
Gesamtherstellung: Buch- u. Offsetdruckerei Sommer, Feuchtwangen.
Umschlag: Reinhart Liedtke. – Printed in Germany.

Inhalt

Wolfgang Stegemann
Zur Einführung 7

Hermann Schulz
Zur »Stellung der Frau« in Stammesgesellschaften 11

Jürgen Kegler
Debora – Erwägungen zur politischen Funktion einer Frau in einer patriarchalischen Gesellschaft 37

Elisabeth Schüssler-Fiorenza
Der Beitrag der Frau zur urchristlichen Bewegung. Kritische Überlegungen zur Rekonstruktion urchristlicher Geschichte . 60

Luise Schottroff
Frauen in der Nachfolge Jesu in neutestamentlicher Zeit . . 91

Eva Loos
Bibelarbeit mit Frauen 134

Renate Wind
Plädoyer für einen neuen Amtsbegriff 145

Bibelstellenregister 161

Ein Aufsatz von L. Schottroff: Maria Magdalena und die Frauen am Grab (ev. Theol. 1982) (Fotokopie in der Mappe vom Paulsen-Seminar)

Wolfgang Stegemann
Zur Einführung

Der hier vorliegende Band 2 der »Traditionen der Befreiung« setzt zusammen mit dem gleichzeitig erscheinenden Band 1 (»Methodische Zugänge«) die mit den beiden Bänden »Der Gott der kleinen Leute« begonnenen sozialgeschichtlichen Bibelauslegungen fort. Fast alle Beiträge dieser beiden neuen Aufsatzsammlungen sind wieder aus dem Arbeitskreis »Materialistische Bibelexegese« hervorgegangen. Viele von ihnen sind in einer größeren Öffentlichkeit vorgetragen und diskutiert worden. Dafür haben wir Dietrich Schirmer vom Evangelischen Bildungswerk Berlin zu danken, der dazu die Gelegenheit geboten hat.
Das überaus rege Interesse an der sozialgeschichtlichen bzw. materialistischen Bibelauslegung zeigt uns, daß wissenschaftliche Exegese nicht im Getto der Fachgelehrsamkeit bleiben muß und von neuem theologische Relevanz gewinnt. Dies hängt zweifellos nicht nur damit zusammen, daß hier eine neue »Methode« der Bibellektüre angewendet wird. Vielmehr bietet diese – durch ihr Interesse an der Entwicklung der biblischen Aussagen aus der umfassenden Lebenswirklichkeit ihrer Autoren und Adressaten – die Möglichkeit, zu einer lebendigen und wirklich geschichtlichen Auffassung der Bibel zu gelangen. Entsprechend führt auch die notwendige Methodendiskussion kein Eigenleben mehr, sondern kommt vor allem dort zum Tragen, wo die geschichtliche Auffassung bestimmter biblischer Texte und Zusammenhänge kontrovers und die theologische Bedeutung der materialistischen Bibelexegese manifest wird.
Aus diesem Kontext ist Band 1 der »Traditionen der Befreiung« zu verstehen. In ihm soll am Beispiel von drei Exegesen zu bekannten biblischen Texten exemplarisch die Notwendigkeit und Angemessenheit sozialgeschichtlicher Bibelauslegung aufgezeigt werden. Willy Schottroff eröffnet ein neues Verständnis von Psalm 23 auf dem sozialgeschichtlichen Hintergrund der Asylsuchenden in Israel. Frank Crüsemann interpretiert Genesis 2 und 3 aus der Über-

gangserfahrung Israels von einer segmentären zu einer Gesellschaft mit zentraler Leitungsinstanz. Wolfgang Stegemann stellt das sogenannte »Kinderevangelium« (Mk 10,13-16 parr.) auf seinen verschiedenen Traditionsstufen in den Zusammenhang der realen Lage von Kindern in der Antike. Darüberhinaus finden sich im ersten Band zwei programmatische theologische Auseinandersetzungen mit der materialistischen Bibellektüre. Helmut Gollwitzer behandelt ausführlich den Problembereich »Historischer Materialismus und Theologie« und eröffnet damit grundsätzlich die notwendige Diskussion der theologischen Legitimität einer materialistischen Bibellektüre. Gerade auch seine kritischen Anmerkungen – etwa zur Bedeutung der Person Jesu Christi – regen zu einer weiteren Diskussion an. Georges Casalis knüpft an die biblische Verheißung des Gottesreiches für die Armen an, um die Bedeutung des »Evangeliums der Armen« für das gegenwärtige Handeln der Christen theologisch und politisch zu reflektieren.

Titel und Untertitel dieses zweiten Bandes regen zu einer kritischen Besinnung an. Grundsätzlich stellt sich die Frage: Gehört das Thema »Frauen in der Bibel« überhaupt in den Zusammenhang jener jüdisch-christlichen Traditionen, in denen sich Erfahrungen von Befreiung und Hoffnung auf sie artikulieren? Oder ist es nicht eher so, daß wir uns heutzutage von den unfrei haltenden Einschätzungen der »Rolle« der Frau in den biblischen Texten allererst noch befreien müssen? Dabei könnte historische Forschung eine wichtige Aufgabe übernehmen, indem wir durch sie die Fremdheit entsprechender biblischer Aussagen einschätzen lernen, eine ungebrochene Übernahme dieser antiquierten Traditionen schwieriger machten. Ein solcher Befreiungsprozeß von der infragestehenden biblischen Tradition müßte umso überzeugender wirken, je genauer die biblischen Aussagen zur Stellung der Frau aus der realen gesellschaftlichen Wirklichkeit derer entwickelt werden, von denen sie stammen und für die sie bestimmt waren. Könnte ein solcher Rückgang in die Geschichte der Texte gerade bei Berücksichtigung der Gesellschaftsform, die sie voraussetzen, durchaus eine befreiende Wirkung haben, so entstünde diese wohl *an* den Texten, aber eben nicht *durch* sie. Dann aber dürfte nicht mehr von einer Tradition der Befreiung gesprochen werden, vielmehr nur von einer Be-

Zur Einführung 9

freiung von Tradition, deren Geschichte zu ihrer Kritik geworden ist.
Tatsächlich wird niemand alle direkten und indirekten Äußerungen der Bibel zur »Frauenfrage« zu den Traditionen der Befreiung rechnen. Doch nimmt gerade die geschichtliche Auffassung dieser Texte ihr befreiendes Potential wahr und kann zugleich zeigen, wo unter dem Zwang der gesellschaftlichen Realität die Wirklichkeit einer sich befreienden Gemeinschaft von Frauen und Männern nach und nach zurückgenommen wird. Ich denke hier vor allem an den Beitrag von Luise Schottroff, der eine Schneise in das neutestamentliche Material zur Frage der Frauen in der Nachfolge Jesu und in den frühen christlichen Gemeinden schlägt. Erstmals wird hier nicht einfach nach der »Rolle« *der* Frau gefragt, sondern die divergierende soziale Wirklichkeit von Frauen in den antiken Gesellschaften beachtet und von der konservativen bis reaktionären Propaganda eines bestimmten Frauenideals abgehoben. Dabei gelingt zugleich so etwas wie eine Geschichte der Situation und Bedeutung der Frauen in der Jesusbewegung in Palästina wie im römischen Reich in neutestamentlicher Zeit. In diesen Zusammenhang gehört auch der Aufsatz von Elisabeth Schüssler-Fiorenza, die den Beitrag der Frauen zur urchristlichen Bewegung herausarbeitet. Besonders eindrucksvoll analysiert sie die »androzentrische« Interpretation des Urchristentums in der modernen Exegese und weist nach, in welchem Maße diese schon in die »Quellen« selbst eingegangen ist. Insofern gleicht ihre Arbeit geradezu psychoanalytischer Deutungskunst, die aus dem bewußten Teil der Realität deren ins Unterbewußtsein verdrängten Anteile wieder hervorholen muß. Der aufmerksame Leser wird manche konkurrierenden Interpretationen beider Neutestamentlerinnen nicht übersehen, darüberhinaus aber auch feststellen, wie sehr sich diese beiden neutestamentlichen Beiträge gegenseitig ergänzen.
Für eine Vielzahl alttestamentlicher Texte zur »Stellung der Frau« bereitet der Aufsatz von Hermann Schulz den Boden ihres Verständnisses. Es wird evident, daß die durch ethnosoziologische und anthropologische Erforschung segmentärer Gesellschaften ermöglichte geschichtliche Auffassung des stammesgeschichtlich verfaßten Israel für die Beurteilung aus diesem Kontext stammender Aussagen zur »Frauenfrage« im Alten Testament unumgänglich

ist. Der Beitrag von H. Schulz ist insofern erst eine wichtige Vorarbeit – auch im Verständnis seines Verfassers –, auf deren Grundlage eine Darstellung der Stellung der Frau im alten Israel aufbauen soll, hinter die eine entsprechende alttestamentliche Exegese aber nicht mehr zurückgehen kann. Beispielhaft geschieht dies hier in dem Beitrag von Jürgen Kegler, der vor allem die politische Funktion der Richterin Debora erhellt. Sein Aufsatz berücksichtigt schon den spezifischen Hintergrund der segmentär-tribalen Gesellschaft, deren Merkmale H. Schulz umfassend in den Blick kommen läßt. Eva Loos berichtet anschaulich von ihrer »Bibelarbeit mit Frauen«. Aus ihrem Bericht geht mit wünschenswerter Klarheit hervor, in welchem Maße ursprüngliche Traditionen der Befreiung zu einer unfrei haltenden Ideologie werden konnten, die das konservative Frauenideal einer patriarchalischen Gesellschaft am Leben erhält. Viele praktisch tätigen Theologinnen und Mitarbeiterinnen in der kirchlichen Frauenarbeit werden ihrerseits bestätigen können, wodurch der Aufsatz von Eva Loos besonders beeindruckt: Welch ungeheuren Aufwand es bedeutet, die biblischen Texte gegen den Strich ihrer androzentrisch orientierten Interpretation zu lesen, um ihre befreienden Inhalte wieder wirksam werden zu lassen. Da erscheint es geradezu schon als ein minderes Problem, ob Renate Winds »Plädoyer für einen neuen Amtsbegriff« auch in kirchenleitenden Gremien auf Gehör stoßen wird. Ob dort ihr Humor Beifall findet, ist durchaus fraglich. Als unumgänglich wird sich aber wohl schon bald eine neue Definition zumal des Pfarramtes erweisen, wenn immer mehr Frauen dessen Aufgaben wahrnehmen. Der normativen Kraft des Faktischen werden dann auch die Männer im Amte eine neue, befreiende Tradition verdanken können.

Hermann Schulz

Zur »Stellung der Frau« in Stammesgesellschaften

1. Stammesgesellschaften sind keine primitiven Gesellschaften[1], mag der Terminus »primitiv« in der ethnosoziologischen Forschung auch immer noch eine erhebliche Rolle spielen. Unangemessen sind auch die Bezeichnungen Naturvölker, archaische, traditionale, unterentwickelte oder schriftlose Völker bzw. Kulturen. In derartige Nomenklaturen gehen nicht nur ethnozentristische Perspektiven ein, sondern auch klassifikatorische Oppositionen wie etwa Natur-Kultur, entwickelt-unentwickelt, modern-traditional, die theoriegeschichtlich einigermaßen belastet sind.
Tribale oder segmentär-tribale Gesellschaften differieren in Produktions- und Lebensweisen, sozialer und politischer Organisation, in Normen, Vorstellungs- und Bewußtseinsformen außerordentlich, lassen sich jedoch auf der Grundlage gemeinsamer strukturbestimmender Merkmale beschreiben. Die Gesamtheit dieser Merkmale soll mit dem Begriff Gesellschaftsform bezeichnet werden. Eine Gesellschaftsform darf weder mit der Struktur einer Einzelgesellschaft, noch mit einem (Max Weberschen) Idealtyp, noch mit einer Metastruktur (Struktur aller beschriebenen Strukturen) verwechselt werden. Als analytisches Hilfsmittel deutet der Begriff an, daß eine Anzahl deskriptiv vergleichbarer Gesellschaften als Problemlösungseinheiten sinnorientiert verstanden werden kann, wenn man von einer gewissermaßen syntaktischen Zuordnung einer begrenzten Anzahl von Grundproblembeziehungen ausgeht.
Von evolutionstheoretischen Versuchen, Stammesgesellschaften als eigene Stufe soziokultureller Evolution zu bestimmen[2], einmal abgesehen, scheint die ethnosoziologische Forschung in ihren verschiedenen Richtungen und Disziplinen, soweit ich sehe, segmentär-tribale Gesellschaften explizit oder implizit einem eigenen Gesellschaftstyp zuzuordnen. Ich werde diesen vorausgesetzten Gesellschaftstyp auf der Grundlage gesellschaftsform-theoretischer Erwägungen als segmentär-tribale Gesellschaftsform bezeichnen.

2.1 Tribale Gesellschaften entwickeln eine hochdifferenzierte *Technologie*, die sich prinzipiell nicht durch mangelnde Elaboriertheit von derjenigen agrarfeudaler Gesellschaften unterscheidet[3]. Abgrenzungskriterien sind insbesondere Art und Größenordnungen der Primärenergie- und Rohstoffnutzung, Spezialisierung, Urbanisierung, Schrift- und Dokumentationswesen. Entscheidend ist jedoch die Integration der Technologie in die Gesamtheit der gesellschaftlichen Beziehungen. Produktions-, Lagerungs-, Transport-, Kommunikationstechnologien sind in tribalen Gesellschaften den sozialen, ökonomischen, politischen, religiös-ideologischen (und anderen) Institutionen, Instanzen und Prozessen strukturell anders zugeordnet als in agrarfeudalen Imperien. Deszendenz- und Residenzregeln, Alters- und Geschlechtsklassen, religiös-normative Zeitqualifikationen bestimmen Einsatz und Form der Technologien mit. Hier geht es um die Frage, inwieweit geschlechtsspezifische Differenzierungen in Stammesgesellschaften technologisch relevant werden. Obschon die unterschiedliche Körperkraft einen geschlechtsspezifisch differenzierten Einsatz menschlicher Energie bedingt – Großtierzucht ist eher Männersache, Gartenbau vielfach Frauenarbeit[4] – scheint es doch keine eindeutigen, allgemein gesellschaftsformtypischen Zuordnungen der Geschlechter zu bestimmten Technologien zu geben. Spezialisierte Schmiedeclans sind wegen der peripheren Bedeutung der Metallurgie ebenso Ausnahmen wie weibliche Krieger[5]. Die Integration der Technologie in die ökonomische Organisation ist eine weitere Barriere gegen eine technologisch rein geschlechtsgetrennte Dualorganisation. Gesellschaftsformtypisch scheint der Variabilitätsspielraum beträchtlich zu sein.

2.2 Bestimmungsmerkmale der *Stammesökonomien*[6] werden je nach wirtschafts- und gesellschaftstheoretischen Prämissen immer noch zumeist von industriellen Kapitalverwertungsgesellschaften abgegrenzt: Kein Warencharakter der Arbeit, keine Arbeitswerte, keine Warenproduktion, keine Universalisierung von Märkten usw. Sinnvoller erscheint, bei gesellschaftsformorientierten Vergleichen, ein Rekurs auf agrarfeudale Gesellschaften. Während die Entwicklung hier einen durch die Klassenstruktur, die personalen Abhängigkeitsverhältnisse, die Surplus-Aneignung und -größe, die

Formen der politischen Systemvermittlung von Produktion, Verteilung, Konsum spezifischer Güter und Leistungen sowie durch die Ausdifferenzierung von Güter- und Leistungsäquivalenten vorgezeichneten Differenzierungsspielraum eröffnet, bleibt die Entwicklungsdynamik in segmentär-tribalen Formen im Variationsbereich der Verwandtschafts-, Senioritäts-, Geschlechts-, Segmentations- und Assoziationsregulierungen. Der zusammenfassend als Stammesökonomie bezeichnete Komplex spezieller güter-, leistungs- und wertvermittelter gesellschaftlicher Beziehungen folgt Regeln der Reziprozität, der Redistribution und des Handels[7]. Geschlechtsspezifische Formen der Arbeitsteilung, Kooperation, Produkt- und Leistungsverteilungen sowie Übertragungen zwischen den Generationen sind im Rahmen der Institutionensysteme nach Reziprozitäts- und Redistributionsprinzipien geregelt. Zu fragen ist, ob geschlechtsspezifische Arbeitsteilungen als soziales Organisationsprinzip die subsistenzwirtschaftlichen, über Deszendenz- und Filiationsbeziehungen vermittelten ökonomischen Beziehungen signifikant gestalten. Das ist, soweit ich sehe, nicht der Fall. Für geschlechtsspezifische Arbeitsteilungen typisch ist in tribalen Gesellschaften vielmehr ein Variabilitätsspielraum, der nicht eindeutig prinzipiell begrenzbar ist. Wenn sich Matrilinearität signifikant häufig mit hortikulturellen Produktionsweisen verbindet, so besagt das nur, daß eine Produktionsform, die bei geschlechtsspezifischer Arbeitsteilung auch eine gewisse Rolle spielen kann, durch das gesellschaftsformspezifische Merkmal der Linearität einige soziokulturelle Bedeutung erhält. Man darf also nicht behaupten, matrilineare Gesellschaften seien Belege dafür, daß Gartenbautätigkeiten ein für Frauenarbeiten geschlechtstypisches Merkmal ist. Im übrigen hängen die gesellschaftsformtypischen Verfügungsmöglichkeiten über Ressourcen, Güter, Leistungen, Wissen, Kommunikationsmittel, Generationstransfers weitgehend von den segmentären Autoritätsverhältnissen ab – auch Stammesökonomie ist, richtig verstanden, politische Ökonomie.

2.3 Die *Sozialstruktur* tribaler Gesellschaften wird im Verwandtschaftssystem[8] greifbar. Sämtliche gesellschaftlich relevanten Funktionen werden im Prinzip auf der Grundlage von Deszendenz (normative Kriterien, die Gruppenmitgliedschaften bestimmen durch Beziehungen auf einen oder beide Eltern) und Filiation (bilaterale Abkunft von zwei Eltern) organisiert. Den Fragen von »Kinship and social organization« wurde ein enormer Forschungsaufwand gewidmet[9]. Ob der Übergang zu einer mathematisch formalisierbaren Theorie möglich ist, mag dahingestellt bleiben. Der Versuch von Claude Lévi-Strauss, zu einer allgemeinen Theorie der Verwandtschaftssysteme zu gelangen[10], bietet manche Anregung, darf aber keineswegs als bahnbrechend[11] angesehen werden. Lévi-Strauss differenziert zwischen Deszendenz-, Filiations- und Eheregeln nicht zureichend und interpretiert die Verwandtschaftssysteme zu einlinig unter dem Aspekt der Heiratsbeziehungen. Die zentrale These, daß die Ehe Archetyp des Tauschs ist, vermag er nicht wahrscheinlich zu machen[12]. Zwischen Reziprozitätsverhältnissen, die über den Tausch von Produkten und Leistungen vermittelt sind, und Gruppenbeziehungen, die sich über matrimoniale Institutionen regulieren, in denen der Transfer von Frauen mit zeitlich ausgedehnten Güter- und Leistungsübertragungen auf besondere Weise verknüpft ist, muß sorgfältig unterschieden werden. Zum Problem wird ja die gesellschaftsformtypische Verknüpfung von Güter-, Leistungs- und Frauentausch. Hier spitzen sich die Probleme der sozialen »Stellung der Frau« zu. Um die eigentlich sozialstrukturellen Komponenten zu erfassen, muß die Frage noch zurückgestellt werden, wer denn die Agenten der die Frauen tauschenden Gruppen sind. Entscheidend ist, ob die normative Zuordnung zur Matri- oder Patrilinie als solche eine soziale (Minder-)Privilegierung darstellt. Das wird man nicht behaupten können. Daß Autoritäts- und Machtverteilung vom Linearitätskriterium zu unterscheiden sind, verdeutlichen matrilineare Gesellschaften, in denen Männer die Autoritäts- und Machtbefugnisse innehaben[13]. Patrilineare Gesellschaften sind etwa doppelt so häufig wie matrilineare belegt. Auch dies spricht nicht eo ipso für generelle Diskriminierung von Frauen in Stammesgesellschaften. Matrilineare Gesellschaften stellen in dieser Hinsicht keine Alternative zu patrilinearen dar. Allgemein definiert in unilinearen Gesellschaften auch die nichtprivilegierte Deszendenzlinie wesentliche soziale Beziehungen[14]. Zwischen unlinearer Deszendenzregelung und dem sozialen Verhalten gegenüber der Verwandtschaft lassen sich keine engen Korrespondenzen konstruieren. Auch im tribalen Bereich sind Stratifikationskriterien entscheidender als die Deszendenzregelung.

2.4 Wie die *politische* Anthropologie[15] nachweist, bringen Stammesgesellschaften einen erheblichen Differenzierungsspielraum hervor bei der Regulierung von gesamtgesellschaftlichen Entscheidungen sowie im Zusammenhang der Verteilung von Autorität, Macht, Herrschaft, Gewalt, Privilegien. Auch wenn spezielle, als politisch zu bezeichnende Instanzen nicht ausdifferenziert sind, sind politische Mechanismen vorhanden. Dies darf trotz aller Kontroversen um das Politische in Stammesgesellschaften als gewiß gelten. Sachgerechte Interpretationen stoßen deshalb auf Schwierigkeiten, weil autoritäts-, macht-, herrschafts-, gewaltvermittelte Interaktionen stets mit wirtschaftlichen und sozialen Regulierungen vermittelt sind. Aber die Verwandtschafts- und Machtkomponenten, so wenig sie in der Realität gesondert auftreten, bedeuten in ihrer gesellschaftsformspezifischen Verbindung mit den ökonomischen dennoch eine ganz entscheidende Einschränkung rein machtbezogener Entfaltungsmöglichkeiten. Stammesgesellschaften sollten deshalb zwar nicht als rein egalitär idealisiert werden[16]. Ebensowenig dürfen aber auch die über die ökonomischen Organisationsformen wirksamen, tendenziell egalitären Mechanismen in ihrer machtbegrenzenden Funktion unterschätzt werden.

Bezieht man das rechtsethnologische Material[17] ein, so liegt das Urteil über geschlechtsspezifische Differenzierungen in politisch-rechtlichen Angelegenheiten auf der Hand. Frauen verfügen im allgemeinen, selbst in matrilinearen Gesellschaften, nicht über die rechtlichen und politischen Medien. Sie richten und herrschen nicht. Dieses Fazit ist allerdings mißverständlich. Es ist sehr fraglich, ob die tribale geschlechtsspezifische Verteilung von Recht und Macht gleichbedeutend ist mit gesamtgesellschaftlicher Unterprivilegierung der Frau.

Altersklassensysteme können Veränderungen geschlechtsspezifischer Status- und Autoritätszuweisungen bewirken; der Status alter Frauen kann sich demjenigen von Männern angleichen[18]. Deszendenz- und Filiationsbeziehungen können Mitwirkung z. B. in der Rechtsprechung nach sich ziehen[19]. Gewiß, diese als Kompensationen mißzuverstehenden Möglichkeiten ändern an der generellen geschlechtsspezifischen Machtverteilung gar nichts. Soll diese Verteilung jedoch mit (Unter-)Privilegierung in Zusammenhang gebracht werden, so sind die sozialen Stratifikationen zu berücksichtigen[20]. In jeder Einzelgesellschaft bemessen sich Status, Macht, Einfluß, Privilegien von Frauen an ihrer Zugehörigkeit zu Status- und Machtgruppen. Tribalgesellschaften der meisten Regionen haben soziale Schichtungen entwickelt, die Clans, Lineages, Altersklassen, Segmente übergreifen und z. T. von hoher Komplexität sind. Eine theoretisch konsistente Typisierung ist bislang nicht gelungen. Entscheidend ist, daß die tribal-geschlechtsspezifische Machtverteilung gewissermaßen quer zur sozialen Stratifikation liegt, deren gesamtgesellschaftliche Dynamik also nicht strukturell verstärkt. Geschlechteropposition im Machtbereich ist tribalgesellschaftlich nicht so integriert, daß etwa auch die soziale Schichtung tendenziell geschlechtsspezifischen Regulierungsmechanismen folgen müßte. Männer herrschen nicht über Frauen, sondern über Männer und Frauen. Vor allem: Gruppeninteressen, die von Männern auf der Ebene machtbezogener Regulierungen wahrgenommen werden, sind nicht geschlechtsspezifische Interessen, sondern je unterschiedlich dimensionierte gesamtgesellschaftliche. Das wird, wie eine neuere Arbeit von Meillassoux etwa zeigt, leicht übersehen[21]. Mit der Geschlechteropposition im Machtbereich hat die tribale Gesellschaftsform weitere konstitutive Regulierungen wie Linearität, Segmentation und andere strukturell so verknüpft, daß das rein Geschlechtsspezifische niemals als solches gesamtgesellschaftlich wirksam werden kann. Deshalb ist Unterdrückung auch in Stammesgesellschaften niemals eine rein geschlechtsspezifische Angelegenheit, auch wenn die dominant geschlechtsspezifische Machtregulierung diesem Mißverständnis Vorschub leistet. Wie stets ist auch in diesem Zusammenhang theoretisch und praktisch zu berücksichtigen, daß die Geschlechterdualität bei der Lösung sämtlicher gesellschaftlicher Grundprobleme, nicht nur des politischen, gesellschaftsformspezifisch integriert ist. Mit der Geschlechtersegregation verbindet sich Unterprivilegierung schon deshalb nicht automatisch, weil jede Abtrennung zwei Seiten aufeinander bezieht. Wenn Frauen in Stammesrecht und -politik keine entscheidende Rolle spielen, so bedeutet das nicht, daß sie in eine gesellschaftliche Null-Position abgedrängt wären. Zu Recht und

Politik gibt es gesamtgesellschaftlich gleich(ge)wichtige Korrelate. Es scheint eine auf Macht-, Herrschafts- und Gewaltverhältnisse allzu unreflektiert wertend fixierte Perspektive zu sein, die den fehlenden Geschlechterproporz in Recht und Politik sogleich mit Diskriminierung gleichsetzt. Durch rechtlich, politisch und ökonomisch vermittelte soziale Stratifikationen werden die Geschlechtertrennungen nicht als solche in strukturelle Gewaltverhältnisse transformiert. Die Institutionalisierung einer zentralen geschlechtsspezifischen Differenzierung im rechtlich-politischen Bereich ist keineswegs gleichbedeutend mit einem derartigen Transformationsmechanismus. Strukturellen Gewaltverhältnissen sind, auch in Stammesgesellschaften, stets beide Geschlechter unterworfen.

2.5 Im Bereich symbolvermittelter institutionalisierter Kommunikationen spielen die als *religiös* klassifizierten eine bedeutende Rolle. Wenn ich im folgenden einige thematisch relevante religionsethnologische Aspekte andeute, so soll damit die Stammesreligion weder monistisch als alleinbestimmend für die tribalen Kommunikations-, Symbol-, Bewußtseins-, Emotions- und Persönlichkeitsbereiche aufgefaßt werden noch verbreiteten Generalisierungen das Wort geredet werden – gerade weil sich Verallgemeinerungen nicht vermeiden lassen. Religionsethnologische Untersuchungen haben größere Schwierigkeiten zu überwinden als andere religionswissenschaftliche Arbeitsgebiete, einen religiösen Bereich ebensowohl abzugrenzen wie gesamtgesellschaftlich zu vermitteln. Worin innerhalb der institutionalisierten Formen kollektiver Symbolisierungen, durch welche Wissen, Denken, Fühlen, Herrschen (und anderes) interpersonell und personal verhaltens- und handlungsrelevant integriert werden, das als eigentlich religiös zu Bezeichnende liegt, braucht hier nicht unbedingt erörtert zu werden[22].

Eine Analyse der Symbolisierung struktureller Beziehungen geht am besten von den Ritualisierungen aus. Vieles spricht dafür, daß sich die im einzelnen nachgewiesenen Ritualisierungen strukturbestimmender Beziehungen als gesellschaftsformtypisch bezeichnen lassen. Wie Middleton zeigt, stellt die Geistanrufung bei den Lugbara eine Antwort auf Autoritätskonflikte dar. Die Fälle von Rache der Ahnengeister sind aufs engste mit Rivalitäten in der Lineage verbunden[23]. Eindrücklich hat Meyer Fortes die Transformation der Sozialstruktur in religiöse Ritualisierungen und Vorstellungen bei den Tallensi aufgewiesen[24]. Evans-Pritchard zeigt bei den Nuer, daß die Geistvorstellung dieselben komplementären Tendenzen der Spaltung und Vereinigung, dieselbe Relativität besitzt wie die segmentäre, die politische und die Lineage-Struktur[25]. Eine soziologische Analyse der »rituals of kinship« bei den Nyakyusa durch Monica Wilson ergibt, daß Verwandtschaftsrituale Differenzierungen und Einheit agnatischer Linien ausdrücken. Statusunterschiede innerhalb der Linie werden im Ritual repräsentiert, das Statusänderungen zeremonial darstellt[26]. Monica Wilson zieht weitgehende Schlußfolgerungen. Als heilig gelte, was das Überleben der Gruppe sichert; Rituale variieren allgemein mit der Wirtschafts- und Sozialstruktur, wobei eine relative Autonomie der Bereiche anzunehmen sei; die in den Nyakyusa-Ritualen ausgedrückten allgemeinen Einstellungen seien für die Aufrechterhaltung des gesellschaftlichen Lebens überhaupt notwendig[27].

Die angeführten Gesellschaften sind sämtlich patrilinear. In den jeweiligen Riten können deshalb Schlüsselbeziehungen wie diejenigen zwischen Vater und Sohn (Tallensi) dominant sein. Die weiblichen Beziehungen fehlen jedoch in den institutionalisierten symbolischen Repräsentationen nicht. Weibliche Pubertäts- und Heiratsriten sind zeremonial nicht minder (ge)wichtig. Wenn die sozialwissenschaftlichen Riteninterpretationen im Grundsatz zutreffend sind – woran kaum zu zweifeln ist –, werden natürlich auch die geschlechtsspezifischen Oppositionen und die Art ihrer sozialen Integration im symbolisch-rituellen Bereich verarbeitet. Die Geschlechterdualität wird im Rahmen tribaler Repräsentationsmöglichkeiten experimentell durchdacht. Bei entsprechend orientierten Analysen muß freilich sorgfältig bedacht werden, daß die Symbolsysteme gesellschaftsformspezifische Strukturbeziehungen der reflektierenden Darstellung zugänglich und emotional integrierbar machen – und nicht etwa die nur über Beobachterinterpretationen zugänglichen Erscheinungsformen irgendwie abbilden. Um Stück-für Stück-Korrespondenzen bemühte Deutungen gehen zwangsläufig fehl.

Die Vermutung liegt nahe, daß Frauen die ihnen fehlenden rechtlich-politischen Artikulationsmöglichkeiten religiös-rituell kompensieren. Max Gluckman interpretierte die von Frauen praktizierten, lokalen landwirtschaftlichen Rituale bei den Zulus, zu denen obszönes Verhalten und Transvestitismus gehören, als Rebellionsriten, nämlich institutionalisierten Protest gegen die etablierte patriarchalische Ordnung, die Frauen von politischer Macht normalerweise ausschließt und sie rechtlich unter Vormundschaft und Obhut von Vater, Bruder oder Ehemann stellt. Selbst im Ritual erscheint ihre Rolle als untergeordnet, ambivalent, normalerweise böse. Sie werden religiös den fremden Ahnen ihrer Ehemänner unterstellt. Nur ein Weg zu »guter« ritueller Tätigkeit bietet sich ihnen an: Von Geistern besessen und Wahrsagerinnen zu werden. Vor diesem Hintergrund erscheinen die obszön-transvestitischen Nomkubulwana-Zeremonien Gluckman als Frauenrebellion. Er deutet weitere Zeremonien ähnlicher Art bei patrilinearen südöstlichen Bantustämmen als rituelle Rebellionen[28]. Doch diese Interpretation ist problematisch. Nach meinen bisherigen Erwägungen ist ritueller Protest gegen die soziale Integration der Geschlechterdualität speziell im Rechts- und Machtbereich nicht zu erwarten. Wenn es richtig sein sollte, daß die Geschlechterdualität bzw. -opposition als solche sorgfältig von den übrigen gesellschaftsformtypischen Regulierungen unterschieden werden muß, damit die spezifische Form ihrer gesellschaftlichen Integration überhaupt problematisiert werden kann, müssen die Nomkubulwana-Riten und die ihnen verwandten als eine Form ritueller Verarbeitung der Geschlechteropposition, nicht aber als ritualisierter Protest gegen Rechts- und Machtverhältnisse zu interpretieren sein. Das läßt sich in der Tat wahrscheinlich machen. Edward Norbeck bringt eine Fülle von Belegen für rituelle Ausdrucksformen sozialer Konflikte nicht nur zwischen Geschlechtern, sondern auch zwischen Höher- und Niedrigergestellten, zwischen Verwandtengruppen von Braut und Bräutigam (und andere), insbesondere für rituelle Nacktheit, Obszönität und Transvestitismus, die nicht auf das weibliche Geschlecht beschränkt sind[29]. Diese Belege machen es äußerst unwahrscheinlich, daß rituelle Konfliktverarbeitung die beiden heterogenen Konfliktdimensionen, nämlich Geschlechteropposition und Machtregulierung, zugleich und in einem Akt thematisieren. Norbeck deutet daher die symbolische Übernahme von Rolle und Kleidung des anderen Geschlechts mit gutem Grund zunächst als dramatisierte Abweichung vom üblichen Verhalten, die einen gesellschaftlichen Antagonismus ausdrückt, nicht jedoch schon Rebellion. Transvestitismus kann ein Element vieler Rituale sein und ist insbesondere in männlichen Initiationsriten verbreitet. Die Belege Norbecks verdeutlichen, wie problematisch die Annahme ist, in Stammesgesellschaften bedinge die rechtlich-politische Dominanz der Männer als solche bereits Unterprivilegierung oder Unterdrückung der Frau, gegen die sie wo nicht anders möglich so doch zumindest im rituell-symbolischen Bereich zu rebellieren habe. Für speziell Frauen deformierende Fehlkonstruktionen sollte man Stammesgesellschaften nicht halten.

Kaum überzeugend ist deshalb auch die Annahme von Mary Douglas, unter der Anhängerschaft von Besessenheitskulten befänden sich u.a. deshalb außergewöhnlich viele Frauen, weil sie nicht nur von den zentralen politischen Rechts- und Verwaltungsinstitutionen der Gesellschaft fern gehalten werden, sondern weil ihre gesellschaftliche Position sie mit Sklaven und Leibeigenen verbinde. Die subtilen Strukturen, die Frauen untereinander verbänden, hätten für die Gesellschaft im ganzen nicht die gleiche Bedeutung wie die Wechselbeziehungen zwischen Männern[30]. Mary Douglas übersieht, daß Polarisierungen zwischen den Geschlechtern in alle stammesgesellschaftlichen Organisationsbereiche integriert sind und zu Unterprivilegierungen erst im Zusammenhang ihrer Einbeziehung in strukturelle Gewaltverhältnisse werden können. Vielleicht unterschätzt Mary Douglas zudem die gesamtgesellschaftlich überlebensentscheidende Funktion der von ihr so benannten subtilen Interaktionsstrukturen zwischen Frauen z. B. im Sozialisationsbereich. Jedenfalls dürfen Polarisierungen zwischen den Geschlechtern als solche auch dann nicht mit strukturellen Gewaltverhältnissen verwechselt werden, wenn sie in gesamtgesellschaftliche Machtregulierungsmechanismen integriert sind.

2.6 Ein weiterer geschlechtsspezifisch differenzierter stammesgesellschaftlicher Lebensbereich ist das »wilde *Denken*«[31]. Wurden die gesamtgesellschaftlich repräsentativen Ausdrucksformen des Denkens maßgeblich nicht von weiblichen, sondern von männlichen Subjekten geschaffen, oder muß mit gleichgewichtiger Kooperation der Geschlechter gerechnet werden? Von den kaum fruchtbaren Debatten um die mentalité primitive abgesehen – die Mythenforschung könnte immerhin einigen Aufschluß geben. Die Frage, ob die jeweilige mythische Symbolisierung männlicher oder weiblicher Perspektive zurechenbar ist, dürfte angesichts der sozialen Realität der Geschlechteropposition weder müßig noch spekulativ sein. Auf einschlägige Untersuchungen kann ich nicht verweisen. Die Frage mag wissenschaftlich schwer zu beantworten sein. Zu vermuten steht, daß nicht nur in patrilinearen Gesellschaften männliche gesellschaftliche Orientierungen bei der Ausformung sinn- und bewußtseinsbildender Erzählerperspektiven dominieren. Allerdings sind in diesem Zusammenhang immense Schwierigkeiten zu überwinden, wie der kaum vermeidliche Rückgriff auf Begriffe wie Orientierung oder Einstellung veranschaulicht. Die Märchenforschung achtet wohl auf geschlechtsspezifische Oppositionen und Symbolisierungen von Frauenproblemen, nicht aber, wenn ich richtig sehe, darauf, ob sinnkonstitutive Symbolisierungen männlichen oder weiblichen Perspektiven zuzurechnen wären[32]. Für die Sagenforschung dürfte Ähnliches gelten[33] – soweit die männliche Perspektive nicht ohnehin als selbstverständlich vorausgesetzt wird. Die Untersuchungen zur »oral literature« belegen im ganzen eine Dominanz männlicher Perspektiven und Funktionsträger[34]. Auch diese – vermutete und z. T. belegbare – geschlechtsspezifische Differenzierung kann m. E. nicht einfach als Unterprivilegierung und Diskriminierung der Frau interpretiert werden. Neben den in Sprechakten, Texten, auf Bild- und Tonträgern dokumentier- und tradierbaren gesellschaftlichen Lebens- und Ausdrucksformen gibt es stammesgesellschaftlich bedeutungsvollere – gelinde gesagt – Realitäten: die menschlichen Persönlichkeiten, die doch wohl nicht minder bedeutungsvoll sind, wenn sie den gesellschaftlich kanonisierten Hinterlassenschaften nichts weiter hinzufügen als – sich selbst. Auf die menschlichen Persönlichkeiten haben Frauen jedoch nicht weniger Einfluß als Männer.

3. Aber wenden wir uns zunächst den *matrilinearen* Gesellschaften zu. Ein Matriarchat gibt es, nebenbei bemerkt, nicht und hat es nie gegeben[35]. Die Bachofen-Debatte darf hier auf sich beruhen bleiben. Matrilineare Deszendenz bringt eine Reihe normativer Regelungen mit sich, vor allem im Blick auf Erbschaft, Sukzession,

Residenz, Autorität. Bemerkenswert sind wiederum Variabilität und Komplexität der verschiedenen Zuordnungsmöglichkeiten. Mit der nichtprivilegierten väterlichen Verwandtschaftslinie sind durchaus faktische und rituelle Verpflichtungen verbunden[36]. In der Zuordnung derjenigen Rechte, die in matrilinearen Gesellschaften durch den Vater übertragen werden, gibt es eine verbreitete Konsistenz. Stellung, Funktion und Rechte des Vaters werden im allgemeinen im Gegenüber zum mütterlichen Onkel definiert. In der Mehrzahl matrilinearer Gesellschaften ist Linienzugehörigkeit allein – obgleich von primärer Bedeutung – nicht ausreichend für die Bestimmung von sozialer Position und Charakter einer Person. Der Vater kann aufs engste geistig mit dem Kind verbunden sein. Die allgemeinen sozialen Definitionen der Beziehung zwischen einer Frau und ihrem Ehemann, Bruder, Vater hängen tatsächlich von Rang und sozialer Position der Frau ab, was sich z. B. in Riten niederschlagen kann. Daß die Leistungsverpflichtungen des Mannes gegenüber den Verwandten seiner Frau geringfügiger sind als die entsprechenden Ansprüche[37], wird sich für matrilineare Gesellschaften nicht verallgemeinern lassen. Typisch jedoch dürfte sein, daß für Konflikte und strukturelle Gewaltverhältnisse weder Linearität, noch Deszendenz, noch häusliche Autorität die relevanten Variablen sind, sondern die Clan-Zuordnung des Eigentums. Interessenkonflikte resultieren bei Lo Dagaa-Gruppen aus der dem Matriclan zugeordneten Eigentumskategorie[38]. Als soziale Kategorien werden die Verwandtschaftskategorien offenbar dann am ehesten konfliktsrelevant, wenn ökonomisch und politisch vermittelte Interessenbeziehungen geltend gemacht werden. D. M. Schneider hat gewiß recht, wenn er im Blick auf matrilineare Gesellschaften der Deszendenzregelung als solcher keine primäre oder kausale Bedeutung zumißt[39].

Deszendenz-Einheiten innerhalb unilinearer Deszendenz-Systeme können sehr unterschiedlich organisiert sein. Die Termini Mutter und Vater erhalten erst im Referenzrahmen bestimmter Deszendenzprinzipien und Deszendenzgruppensysteme soziale Bedeutung. So kann die Mutterfunktion die Elemente: Verantwortung für Säuglings- und Kinderfürsorge, tatsächliche Fürsorge und gesellschaftliche Zuordnung der Kinder verbinden oder auch trennen. Das signifikanteste Merkmal matrilinearer Gesellschaften verbindet sich nur mit dem letztgenannten Element, der sozialen Zuordnung in mütterlicher Linie. Strukturell unterscheiden sich patri- und matrilineare Gesellschaften dadurch, daß Autoritäts- und Gruppenzuordnung in matrilinearen Gesellschaften auseinander, in patrilinearen zusammenfallen. Autorität und Macht werden auch in matrilinearen Gesellschaften über männliche Linien verteilt und organisiert. Beide Systeme zeigen unterschiedliche Variabilitätsspielräume für die Beziehungen Mutter/Ehefrau, Vater/Ehemann. Matrilineare Deszendenzgruppen können die Vater/Ehemann-Position überflüssig machen. Die biologische Erzeugerfunktion kann sozial natürlich irrelevant werden. Es spricht einiges für die Annahme, daß die Institutionalisierung starker und dauerhafter Solidarität und Bindung zwischen Ehemann und Frau nicht kompatibel ist mit der Aufrechterhaltung matrilinearer Deszendenzgruppen[40], weil diese besondere Begrenzungen der Autorität der Ehemänner über Frauen notwendig machen. Doch damit wird die Frage nach Autoritätsregulierungen in Familie und Haushalt sowie deren Vermittlungen mit gesamtgesellschaftlichen aufgeworfen. Den vorliegenden Auswertungen von Einzelstudien über matrilineare Gesellschaften läßt sich jedenfalls mit aller Eindeutigkeit entnehmen, daß Matrilinearität keine rein geschlechtsspezifische Regulierung darstellt.

4. Wesentlichen Aufschluß über die »Stellung der Frau« in Stammesgesellschaften geben *Heiratsregeln und -institutionen*[41]. Man sollte in diesem Zusammenhang der Versuchung widerstehen, methodisch und theoretisch unkontrollierte interkulturelle Systemvergleiche sogleich in Ansatz zu bringen. Heirat ist eine gesellschaftsformtypische soziale Institution in Stammesgesellschaften, die die Lösung mehrerer gesellschaftlicher Grundprobleme integriert. Neuere Untersuchungen zeigen, daß das immense Material wohl kaum je ohne tiefgreifende Interpretationskontroversen wird zugänglich gemacht werden können.
Selbstverständlich haben die zeitlich unterschiedlich dimensionierten Übertragungen von Gütern und Leistungen im Zusammenhang der Heiratsbeziehungen nichts mit einem Kauf oder Verkauf von Frauen zu tun[42]. Heirat in Stammesgesellschaften kann als Vertragsbeziehung zwischen Gruppen aufgefaßt werden, die geregelte

Wechselbeziehungen auf mehreren Ebenen berührt; zu diesen zählen neben gruppen- und interpersonell relevanten Güter- und Leistungstransfers Residenzregeln, Sorge für Kinder, Regulierung sexueller Beziehungen, Zuordnung zu sozialen Positionen sowie die Funktion der relevanten Gruppen, handlungsfähige Persönlichkeiten zu bilden und die kulturellen Norm- und Wertsysteme den kommenden Generationen zu übertragen. Im Blick auf das Frauenthema kann man, auf allgemeinster Ebene, sagen: Tribale Heiratsinstitutionen integrieren zentrale Aspekte der das gesellschaftliche Leben mitbestimmenden Geschlechter-Opposition derart in das Sozialsystem, daß sie für dessen Reproduktion und Entwicklungsdynamik einen möglichst optimalen Stellenwert erhält. Für eine gesellschaftsform-bezogene Bewertung der Geschlechter bedeutet dies zunächst eine Sicherung gegen mögliche Restriktionen formtypisch zulässiger gesellschaftlicher Entfaltungsmöglichkeiten beider Geschlechter. Deshalb privilegieren Stammesgesellschaften nicht das eine oder andere Geschlecht, sondern integrieren die Geschlechterposition auf allen Grundproblemebenen. Heiratsinstitutionen erfassen einen für die gesamtgesellschaftliche Reproduktion entscheidenden Aspekt der Geschlechteropposition.

Nun tauschen in tribalen Gesellschaften im allgemeinen Männer die Frauen aus, nicht umgekehrt. Träger und Subjekte des in Heiratsinstitutionen sich manifestierenden Gruppenhandelns sind Männer, nicht Frauen. Darin liegt jedoch keine strukturelle Benachteiligung des weiblichen Geschlechts. Denn das durch männliche Agenten wahrgenommene Gruppeninteresse ist eben prinzipiell kein geschlechtsspezifisches, sondern ein gesellschaftlich allgemeines Interesse. Ich sehe nicht, wie der Nachweis erbracht werden könnte, daß die Interessenwahrnehmung durch Männer eine von den durchaus eigenwertigen, macht- und herrschaftsbezogenen ökonomischen und politischen Regulationen abzutrennende, reine und dominante Geschlechtskomponente enthält.

Die institutionelle Vielfalt und Komplexität der tribalen Heirat spricht in diesem Zusammenhang eine unmißverständliche Sprache. In Korrespondenz dazu stehen die Familienformen und Haushaltstypen[43]. Darin liegen Vorkehrungen gegen Geschlechterdiskriminierungen. Die verschiedenen Kombinationsmöglichkeiten maternaler, paternaler und konjugaler Dyaden garantieren gesellschaftsformtypische Entfaltungsmöglichkeiten beider Geschlechter eben innerhalb sozial geregelter Geschlechteroppositionen. Daß Tribalgesellschaften innerhalb der institutionalisierten Geschlechteropposition die gesamtgesellschaftlich unabdinglichen Machtregulationen wiederum geschlechtsspezifisch differenzieren, hat mit einer Unterprivilegierung eines Geschlechtes nichts zu tun. Für die Möglichkeit, in gesamtgesellschaftlichem Interesse Macht- und Herrschaftsfunktionen überhaupt wahrnehmen zu können, muß gesellschaftsformtypisch basal gesorgt sein. Heiratsinstitutionen erfüllen auch in diesem Zusammenhang wesentliche Aufgaben.

5.1 Begrenzt die Gesellschaftsform auch den Entfaltungsspielraum jenes Zentrums des Verhaltens, Handelns, Wünschens, Hoffens, Liebens, Hassens ... Denkens, Glaubens, das man *Persönlichkeit,* persönliche Identität nennt? Das hier relevante Themaproblem setzt u. a. eine geschlechtsspezifische Persönlichkeit voraus. Keine der wesentlichen Theorietraditionen innerhalb der Persönlichkeitsforschung, die kognitivistische Entwicklungspsychologie, die Sozialpsychologie des symbolischen Interaktionismus, oder die analytische Ich-Psychologie, kann Probleme der Geschlechtsrollenidentität ausklammern[44]. Neuerdings wendet sich die Ethnopsychoanalyse den relevanten praktischen und persönlichkeitstheoretischen Problemen wieder zu[45]. Im Blick auf die chaotische Vielfalt des Wortgebrauchs[46] sowie auf die im sozialwissenschaftlichen Kontext notwendige Erweiterung der Perspektive, die sich im Identitätskonzept konkretisiert, erscheint es geboten, definitorische Problemzugänge zu vermeiden. Sonst bleibt man in den begriffsstrategischen Vermittlungen von personaler und sozialer Identität gefangen.

Es ist anzunehmen, daß menschliche Produkte und Äußerungen über die handelnden Persönlichkeiten Aufschluß geben, ohne nun gleich etwas oder das Wesentliche bzw. Entscheidende über sie aussagen zu können. Es liegt mir fern, mit Hilfe ethnosoziologischer Literatur Wesentliches über Frauenpersönlichkeiten in Stammesgesellschaften sagen zu wollen. Da das Problem jedoch nicht einfach ausgeklammert werden kann, soll es versuchsweise von zugegebenermaßen sehr verschiedenen Seiten umkreist werden.

5.2 Der Ashanti-Spruch: Eine Frau hat keine Seele, bedeutet nach Parrinder, sie kann nicht den totemistischen Geist übertragen[47]. Mit diesem Spruch raubt eine männliche Ideologie der Frau nichts an realer Persönlichkeit. Doch grenzt eine gesellschaftliche, perspektivisch männlich dominierte Persönlichkeitsdefinition Frauenpersönlichkeiten aus bestimmten symbolisch vermittelten Kommunikationszusammenhängen aus. Insofern und insoweit diese Ausgrenzung sich mit Formen sozialer Segregation der Frau reflektierend auseinandersetzt, mag sie für die symbolische Integration der Geschlechteropposition funktional – wenn auch unter Akkulturationsbedingungen z. B. nicht legitimierbar – sein. Seelen-, Körper-, Namens-, Geist-, Lebens-, Kraft- (usw.) Vorstellungen setzen sich tribalgesellschaftsformtypisch mit Persönlichkeitsdefinitionen auseinander, die sich zunächst und vor allem dadurch auszeichnen, daß sie für die Persönlichkeit des nicht zur Definitionsgruppe zählenden Mannes und der Frau ein hohes Maß an Belanglosigkeit besitzen. Das ist persönlichkeitstheoretisch und -praktisch von meist unterschätzter Bedeutung[48].

Hortense Reintjens Untersuchung über die soziale Stellung der Frau bei den nordarabischen Beduinen[49] sucht ethnozentristische wie auch geschlechtsspezifisch männliche Perspektiven zu vermeiden. Mit fragloser Sicherheit beschränkt sie sich thematisch vor allem auf die Ehe und Familienverhältnisse, da sich eben hier die soziale Stellung der Frau am deutlichsten manifestiere. Sie wählt das Beduinensprichwort zum Leitfaden: »Men make the tribe women weave the net.« Frauen weben das soziale Muster des Stammes, interpretiert sie. Die Europäerin empfindet die soziale Separierung der Beduinenfrau nicht als prinzipielle Einschränkung weiblicher Selbstentfaltungsmöglichkeiten. Soziale Separierung sei nicht Unterordnung. Kennzeichnend für die soziale Stellung der Beduinin sei das ḥaram sein in der Doppelbedeutung von Separiert- und Erfülltsein von dem Heiligen[50]. Eignet der Frau also so etwas wie Sakrosanktheit – die ihr dann im matrilinearen System vielleicht wieder abhanden käme? Ob die Verfasserin religiös-positiv gewendeten ethnozentristischen Projektionen Tribut zollt, braucht hier persönlichkeitstheoretisch weniger zu interessieren. Ich halte das in Begegnungen gewonnene, letztlich auf dem prinzipiell auch unter »patriarchalischen« Bedingungen nicht limitierbaren Entfal-

Zur »Stellung der Frau« in Stammesgesellschaften

tungsspielraum weiblicher geschlechtsspezifischer personaler Identität insistierende Urteil von Hortense Reintjens für im Kern begründbar.

Selbstmord verüben bei den Kapauku Papuas nur Frauen, notiert Pospíšil[51]. Die Handlung gilt als unmoralisch und eine dem »Besitzer der Frau« zugefügte Beleidigung. Die gartenbauenden, jagenden, sammelnden, neolithischen Gruppen leben in patrilokalen Haushalten mit zwei oder drei monogamen oder polygynen Familien, in Dörfern von etwa 15 Häusern. Soziale Zuordnungen erfolgen patrilinear. Jeder Versuch jedoch, Selbstmordmotive auf rein geschlechtsspezifisch vermittelte Unterdrückung durch Männer zurückzuführen, wäre schon im Ansatz zum Scheitern verurteilt. In dem von Pospíšil mitgeteilten Fall war das Mädchen gezwungen worden, einen Mann zu heiraten, den sie nicht liebte. Mehrere Selbstmordversuche schlugen fehl. Nach jedem Versuch wurde sie geschlagen. Sie fuhr mit Suicidversuchen fort, bis Bruder und Vater der Ehe mit dem Geliebten zustimmten. Dieses Mädchen handelte in recht offensichtlicher Übereinstimmung mit einigen gesellschaftstypischen Merkmalen. Pospíšil schreibt, die Kapauku glaubten an und praktizierten eine »kapitalistische« Wirtschaft, in der Geld, Kredit, Kauf und Verkauf, Sparen eine wichtige Rolle spielten. Individualismus sei ausgeprägter als bei uns. Es gäbe praktisch kein Eigentum, das mehr als einer Person gehöre. Selbst Eigentumsrechte an Frauen und elfjährigen Kindern seien klar definiert und abgegrenzt. Wirtschaftlich sei das Individuum weitgehend unabhängig und in seinen Aktivitäten kaum eingeschränkt. Interpersonell betrachteten sich alle als gleich. Soziale Klassen, Kasten oder Sklaven waren unbekannt. »The position of women is not greatly inferior to that of the men.«[52] Was mit dieser Umschreibung gemeint sein könnte, darf hier offen bleiben. Für die Persönlichkeit des Mädchens ist nicht linear geregelte Autoritätsverteilung entscheidend, sondern der auch in der ökonomischen Organisation sich manifestierende Ausschließlichkeitsanspruch in personalen Zuordnungen. An und in Zusammenhang mit der Geschlechteropposition artikuliert eine Persönlichkeit hier gesellschaftstypische Strukturelemente. Die letzteren sind für den Entfaltungsspielraum der weiblichen Persönlichkeit konstitutiv. Was in diesem Persönlichkeitsausdruck geschlechtsspezifisch sein

könnte, läßt sich auf dieser Materialgrundlage gewiß nicht beantworten. Nachdrücklich verweise ich auf die nicht nur materialbedingten Grenzen dieser problematischen Kurzinterpretation.
Im Dahome des 18. Jh. bestand das stehende Heer weitgehend aus Frauen, die sich durch kräftigen Körperbau und Wildheit im Kampf auszeichneten[53]. Viele Frauen spielten in der Verwaltung und im Handwerk eine bedeutende Rolle. Im Palast waren, so wird geschätzt, 3000-4000 Frauen, einschließlich weiblicher Soldaten und Sklavinnen, konzentriert. Systematisch wurde in die Verwaltung die Opposition der Geschlechter integriert. Einem männlichen diensthabenden Beamten war auf jeder Stufe der Verwaltung ein weiblicher Beamter mit Kontrollfunktionen zugeordnet. Die Palastverwaltung operierte mit multiplen Paaren. Im Territorium existierte ein komplettes männliches Gegenstück zum weiblichen Palastbeamtinnenapparat. Dahome veranschaulicht nicht nur die prinzipielle Variabilität geschlechtsspezifischer Arbeitsteilung auch in (stratifizierten, etatistischen) Stammesgesellschaften; nicht nur den Spielraum der gesellschaftlichen Integrationsmöglichkeiten der Geschlechterdualität. Dahome ist auch persönlichkeitstheoretisch signifikant. Die Kriegerin und Beamtin dürfte nicht weniger weiblich, nicht weniger Frau sein als die sehr anders segregierte Beduinin, dürfte ihre Geschlechts(rollen)identität durch den administrativ-militärischen Entfaltungsspielraum, den die Dahome-Gesellschaft gewährt, nicht eingebüßt haben. Polanyi vermutet, man sei auf die alles durchdringende Dualität nicht nur aus praktischen Gründen geradezu versessen gewesen. Es mußten seelische Einstellungen mitspielen.
Auf den Marquesas-Inseln stellen männliche Zeremonialpriester Frauen als kannibalische Bestien dar. Die Gruppen sind polyandrisch strukturiert, im Haushalt sind 2-3 Männer einer Frau zugeordnet, im Häuptlingshaushalt 11-12 Männer etwa 3-4 Frauen. Die effektive Macht im Haushalt üben die Frauen aus, der männliche Haushaltsvorstand hat Organisationsautorität. Kardiner hat auf der Grundlage des Linton'schen Materials über die Marquesas-Inseln versucht, eine »personality structure« dieser Gruppen zu rekonstruieren[54]. Er geht von einem relativ engen Zusammenhang zwischen Haushaltsgruppen-Organisation (Polyandrie) und symbolischer Repräsentation (weibliche Bestien) aus. In Folklore und

distanziert-geringschätziger Behandlung der Frauen durch Männer drückt sich nach Kardiner u. a. die bei Männern unterdrückte und aggressiv gestaute Eifersucht aus – mythisch symbolisiert in kannibalischen Zügen der Frau. Ich wähle die für die Kultur- und Persönlichkeitsforschung klassische Monographie von Kardiner und Linton, um die Persönlichkeitskomponenten hervorzuheben, die sich den gesellschaftstypischen Konfliktkonstellationen der Familien- und Haushaltsgruppen verdanken. Wir stoßen hier auf persönlichkeitskonstitutive gesellschaftliche Integrationsformen der Geschlechteropposition, deren zentrale Bedeutung für die »Stellung der Frau« allerdings nur erfaßt werden kann, wenn man die übrigen von mir angedeuteten Grundproblembereiche gesellschaftsformanalytisch in Ansatz bringt.

Die vorstehende Auswahl einiger Aspekte sollte, wie gesagt, das Persönlichkeitsproblem von verschiedenen Seiten einkreisen. Sie erhebt gewiß keine theoretischen Ansprüche. Das Themaproblem war auf persönlichkeitsrelevante gesellschaftliche Integrationsformen der Geschlechteropposition zuzuspitzen. Je deutlicher der Variabilitäts- und Entwicklungsspielraum dieser Integrationsformen auf allen Ebenen personaler Verwirklichung – und das sind alle Ebenen gesellschaftlicher Organisation – konturiert werden kann, desto eher wird man Chancen und Gefahren der nun einmal auch geschlechtlichen Persönlichkeit als zentral auf die Geschlechteropposition bezogene konkretisieren können.

5.3 Das läßt sich am Beispiel der *Kultur- und Persönlichkeitsforschung* zeigen. 1939 arbeiteten Kardiner und Linton das Konzept eines »basic personality type« erstmals konkreter aus[55]. Es geht davon aus, daß die frühkindlichen Erfahrungen eine anhaltende Auswirkung auf die Persönlichkeit, insbesondere die Entwicklung ihrer projektiven Systeme, hat; daß ähnliche Erfahrungen dazu tendieren, ähnliche Persönlichkeitskonfigurationen hervorzubringen und daß die in jeder Gesellschaft kulturell gestalteten Kindererziehungstechniken in den einzelnen Familien jedenfalls tendenzielle Ähnlichkeiten aufweisen. Daraus wird gefolgert, daß sich die »personality norms« verschiedener Gesellschaften je nach der Differenz der Primärerfahrungen des Individuums unterscheiden. Als Grundpersönlichkeitstyp (basic personality type) verstehen Kardi-

ner und Linton diejenige Persönlichkeitskonfiguration, die von der Mehrheit der Gesellschaftsmitglieder als Ergebnis früher gemeinsamer Erfahrungen geteilt wird. Er korrespondiere nicht der Gesamtpersönlichkeit, sondern deren projektiven oder Werthaltungssystemen (value attitude systems), die für die Persönlichkeitskonfiguration basal seien. In relativ stabilen Kulturen wie den Stammesgesellschaften gebe es eine ziemlich enge Beziehung zwischen Grundpersönlichkeitstyp und Gesamtkultur. Hier müßten sich Grundpersönlichkeitstyp und Kulturkonfiguration tendenziell wechselseitig verstärken. Gleichwohl sei mit vielen, die Beziehung zwischen Kultur und Persönlichkeit modifizierenden Variablen zu rechnen.
Der Plausibilitätsgrad dieses Ansatzes von einst – der weiter spezifiziert wurde[56] – ist dahin. Ich brauche die kritischen Einwände, denen er ausgesetzt ist, nicht aufzuführen[57]. Unterschätzt werden m. E. jedoch die bedeutsamen Konsequenzen, die sich für die ethnosoziologische Forschung ergaben. Die so gewonnenen Informationen über frühkindliche Sozialisationsformen bleiben wertvoll. Die Schlußfolgerungen Cora du Bois' über die basic personality der Gruppen auf Alor[58] gehen manchmal vielleicht zu weit, lassen sich aber nicht einfach als Alltagspsychologie abtun. Unter dem Blickwinkel der berechtigten Kritik an unkontrollierten Psychologisierungen bei Ruth Benedict und Margaret Mead sollten Linton, Kardiner und Cora du Bois nicht ad acta gelegt werden. Trotz aller psychologischen Alltagsurteile kann man von Margaret Meads Studien über die Arapesh, Mundugumor und Tchambuli über die Persönlichkeit der Frau in Stammesgesellschaften einiges lernen[59]. Es mag noch einige Zeit dauern, bis interkulturell systemvergleichende Persönlichkeitsforschungen so weit theoretisch fundiert sind, daß man bei Analysen einzelner Gesellschaftsformen auf sichererem Boden steht. Die ethnopsychoanalytische Forschung knüpft ja wieder, wenn auch nicht immer explizit, an den alten Problemstellungen an. Und dies mit gutem Grund. In ihrer ethnosoziologischen Praxis schwebte der Kultur- und Persönlichkeitsforschung vor, nichttriviale Beziehungen zwischen a) sozialen, ökonomischen, politisch-administrativen Institutionen und Prozessen, b) den verschiedenen Symbol- und Zeremonialsystemen, c) den verhaltens- und handlungsregulierenden, motivational-emotional-

wertvermittelten personalen Integrationen herzustellen[60]. Probleme gesamtgesellschaftlicher Theorie waren der Kultur- und Persönlichkeitsforschung implizit stets präsent, wenn sie auch theoretisch nicht bewältigt werden konnten und durch den damals noch sozialwissenschaftlich nicht durchdachten psychoanalytischen Ansatz weitgehend immunisiert wurden.

6. Ich will meine Überlegungen nicht abschließen, ohne, in gebotener Kürze, auf die Arbeit von *Claude Meillassoux* über häusliche Produktionsweise einzugehen[61]. Meillassoux setzt sich das Ziel, tiefgreifende gesellschaftsformtypische Zusammenhänge zwischen einer für segmentär-tribale Gesellschaften spezifischen Produktionsweise, der von ihm sogenannten »häuslichen Produktionsweise« oder Hausgemeinschaft, einerseits, und der über den Frauentausch vermittelten Reproduktion der Gesamtgesellschaft andererseits aufzuweisen. Diese Zusammenhänge ergeben sich daraus, daß Meillassoux die Hausgemeinschaft als dasjenige – und zwar einzige – ökonomische und soziale System definiert, in dem Produktion und Reproduktion durch ein und dasselbe Institutionensystem reguliert werden. Es zeichnet sich durch die »geordnete Mobilisierung der menschlichen Reproduktionsmittel«, den Frauentausch nämlich, aus. Produktions- und Reproduktionsprozesse stünden in kontinuierlicher Interaktion. Sämtliche Institutionen kreisen um die Reproduktion, deren zentrale personale Repräsentanz die Frau ist. Alles Gewicht müsse in dieser »häuslichen Gesellschaft« daher auf einer Kontrolle der reproduktiven Fähigkeiten der Frau liegen. Ausgeübt wird die Kontrolle, die bei den Lebensmitteln ansetzt, von den Männern, die mit gerontokratischer Macht matrimoniale Politik machen. Im Verwandtschaftsrahmen werden die bei der (Lebensmittel)produktion wirksamen Abhängigkeitsbeziehungen jeweils neu geschaffen. Reproduktionsverhältnisse werden so zu Produktionsverhältnissen. Fallen Produktion und Reproduktion also gewissermaßen zusammen, verlieren die auf der Grundlage der Gegenseitigkeit getauschten Frauen einen Teil ihrer Identität, da sie für matrimonial institutionalisierte Bündnisbeziehungen flexibel werden. Obzwar höchstes »Gut«, ist die Frau doch doppelt unterworfen und ausgebeutet, entfremdet und inferiorisiert. Durch patrilineare Deszendenz von ihren eigenen Kindern

rechtlich getrennt, lebt sie als Verheiratete unter der Kuratel ihrer Wahlverwandten, immer im Verdacht des Verrats. Sozial entfalten kann sie sich erst nach der Menopause und als Ahnin, also nachdem sie ihre physische Reproduktionsfähigkeit verloren hat.

Eine Auseinandersetzung mit Meillassoux muß gründlicher erfolgen, als das hier möglich ist. Die im Kontext des Frauenthemas relevanten Einwände ergeben sich aus meinen Erwägungen im ganzen. Zunächst zu einigen Unklarheiten im Ansatz.

Das Verhältnis zwischen Produktionsweise und Gesellschaftsform(ation) bleibt ungeklärt. Gesellschaftsformtypisches Merkmal müßte die kontinuierliche Interaktion von Produktions- und Reproduktionsverhältnissen sein. Gleichermaßen gesellschaftsformbestimmend sind für Meillassoux jedoch die Produktions- und Reproduktionsverhältnisse in ihrer jeweiligen Autonomie. Darin liegt doch eine gewisse Inkonsistenz. Hinzu kommt, daß Meillassoux trotz seiner Polemik gegen Godelier voraussetzt, es seien letztlich eben die Produktionsverhältnisse, die den Gesellschaftstyp und damit auch die Gesellschaftsform erzeugten. In diesem Zusammenhang bleiben die Reproduktionsverhältnisse abhängig. Es geht hier nicht um bloße Begriffsscholastik. Meillassoux zeigt einmal mehr, daß die globalen Begriffe Produktions- und Reproduktionsverhältnisse weder gesellschaftsformanalytisch noch ethnosoziologisch-praktisch zureichen.

Ganz offensichtlich unterschätzt Meillassoux die Bedeutung politischer Instanzen und Prozesse in Tribalgesellschaften. Es hat gelegentlich den Anschein, als korreliere er ökonomische und soziale Institutionen unvermittelt, so als seien ökonomische und soziale Prozesse in Stammesgesellschaften nicht durchaus auch normativ und politisch vermittelt.

Die Inkonsistenz, jedenfalls der trotz aller fundierten ethnosoziologischen Kenntnisse des Autors unzureichende theoretische Rahmen wirkt sich auf die Ausführungen zur Stellung der Frau aus. Meillassoux gerät auf den im vorliegenden Beitrag aus verschiedenen Perspektiven untersuchten Irrweg, Deszendenzregelungen unversehens als solche zu strukturellen Gewaltverhältnissen zu machen. Sozialen Stratifikationen räumt er keinen systematischen Stellenwert ein. Die Beschreibung der Inferiorisierung der Frau mag unreflektierte Zustimmung finden – sie ist jedoch unzutreffend in dieser Verallgemeinerung. So eindimensional, wie Meillassoux will, sind die Verhältnisse nicht. Man würde übrigens das Sklavenproblem gewaltig verzeichnen, wollte man Frauen in Stammesgesellschaften zu Sklaven erklären.

Anmerkungen

1 K. Goldstein, Concerning the concept of »primitivity«, in: Culture in History. Essays in Honor of Paul Radin, New York 1960, 99ff; P. Radin, Gott und Mensch in der primitiven Welt, Zürich o.J. (1953), 19ff; C. Lévi-Strauss, Das wilde Denken, Frankfurt 1968; M. Godelier, Ökonomische Anthropologie, Reinbek 1973, 42f; M. Eliade, On understanding primitive religions, in: Glaube, Geist, Geschichte, Festschrift E. Benz, Leiden 1967, 498ff; E. E. Evans-Pritchard, Theorien über primitive Religion, Frankfurt 1968.
2 M. D. Sahlins, The segmentary lineage. An organization of predatory expansion, American Anthropologist 63 (1961) 322ff; deutsch in: K. Eder (Hg.), Seminar: Die Entstehung von Klassengesellschaften, Frankfurt 1973, 114ff.
3 A.-G. Haudricourt, La technologie culturelle: Essay de méthodologie, in: J. Poirier (Hg.), Ethnologie générale, Paris 1968, 731ff; J. Michéa, La technologie culturelle, ebd. 823ff; M. S. Herskovits, Man and his works, New York 1848; P. Radin (Anm. 1), 29ff.
4 D. F. Aberle, in: D. M. Schneider – K. Gough (Hg.), Matrilineal Kinship, Berkeley usw. 1961 (1973), 670ff (655ff).
5 Zu Dahome s. u.
6 M. J. Herskovits, Economic Anthropology, New York 1940 (1952); R. Firth, (Hg.), Themes in Economic Anthropology, London 1967; G. Dalton, Economic theory and primitive society, American Anthropologist 63 (1961) 1ff; ders., Tribal and peasant economies. Readings in economic anthropology, New York 1967; M. D. Sahlins, Stone age economics, Chicago 1972 (Kap. 1 deutsch in: Technologie und Politik 12, hg. von F. Duve, Reinbek 1978, 154ff); K. Polanyi, Primitive, archaic, and modern economies, Essays (hg. von G. Dalton), Boston 1968; ders., Ökonomie und Gesellschaft (übers. v. H. Jelinek), Frankfurt 1979; ders., Kritik des ökonomistischen Menschenbildes, in: Technologie und Politik 12, 109ff; E. Terray, Zur politischen Ökonomie der »primitiven« Gesellschaften, Frankfurt 1974; M. Godelier (Anm. 1); F. Kramer – C. Sigrist, (Hg.), Gesellschaften ohne Staat 1, Frankfurt 1978; C. Meillassoux, Versuch einer Interpretation des Ökonomischen in den archaischen Subsistenzgesellschaften, in: K. Eder (Hg.) (Anm. 2), 31ff.
7 K. Polanyi, Economies (Anm. 6) pass.; 9ff.
8 I. R. Buchler – H. A. Selby, Kinship and social organization. An introduction to theory and method, New York-London 1968; H. Befu – L. Plotnicow, Types of corporate unilineal descent groups, Americ. Anthropologist 64 (1962) 313ff; G. P. Murdock, Social structure, New York-London 1949 (1967); M. Fortes, Descent, filiation and affinity: a rejoinder to Dr. Leach, Man 59 (1959) 193ff; 206ff; R. H. Lo-

wie, Social Organization, New York 1948 (1960); S. N. Eisenstadt, Essays on comparative institutions, New York usw. 1965; G. P. Murdock – C. S. Ford – A. E. Hudson u.a., Outline of cultural materials, New Haven ⁴1961; G. P. Murdock, World ethnographic sample, American Anthropologist 59 (1959) 664ff; L. C. Freeman – R. F. Winch, Societal complexity: An empirical test of a typology of societies, American Journal of Sociology 62 (1956/57) 461ff.
9 Buchler-Selby (Anm. 8).
10 Les structures élémentaires de la parenté, Paris 1949.
11 M. Oppitz, Notwendige Beziehungen, Frankfurt 1975, 98.
12 E. Leach, Claude Lévi-Strauss, München 1971, 103ff.
13 Näheres unten.
14 P. Mercier in: J. Poirier (Hg.) (Anm. 3), 935.
15 M. Fortes – E. E. Evans-Pritchard, African political systems, London 1940; J. Middleton – D. Tait (Hg.), Tribes without rulers, London 1958; R. Cohen – J. Middleton, Comparative political systems, Garden City 1967; R. Numelin, Intertribal relations in central and South Africa, Helsinki-Helsingfors 1963; M. J. Swartz – V. W. Turner – A. Tuden, (Hg.), Political anthropology, Chicago 1966; G. Balandier, Anthropologie politique, Paris 1969 (deutsch München 1976); C. Sigrist, Regulierte Anarchie, Olten-Freiburg 1967; P. Clastres, Staatsfeinde. Studien zur politischen Anthropologie, Frankfurt 1976 (La société contre l'état, Paris 1974).
16 Z. B. P. Radin, Gott und Mensch (Anm. 1), 19.
17 Überblicke: J. E. Lips, in: F. Boas (Hg.), General anthropology, War Department Education Manual, (o.O.) 1938, 487ff; E. A. Hoebel, The Law of primitive man, New York 1974; L. Pospíšil, Anthropology of Law, New York usw. 1971.
18 C. Sigrist (Anm. 15), 164.
19 R. H. Lowie (Anm. 8), 345.
20 G. Balandier (Anm. 15), 92ff (deutsch 90ff).
21 Dazu unten.
22 Eine religionsethnologisch zureichende Gesamtdarstellung der Stammesreligionen fehlt noch.
23 Lugbara Religion. Ritual and authority among an East African people, London usw. 1960.
24 The Dynamics of clanship among the Tallensi, London 1945; The web of kinship among the Tallensi, London 1949; Ödipus und Hiob in westafrikanischen Religionen, Frankfurt 1966, 30ff.
25 The Nuer, Oxford 1940; Nuer Religion, Oxford 1956; The Nuer concept of spirit in its relation to the social order, in: J. Middleton (Hg.), Myth and cosmos, Austin-London 1967, 127ff (American Anthropologist 55/2 (153) 201ff).
26 Rituals of Kinship among the Nyakyusa, London usw. 1957.
27 AaO. 222ff.
28 Rituals of Rebellion in South-East Africa. The Frazer Lecture 1952, Manchester 1954; Order and Rebellion in Tribal Africa, London 1963 (Auszug in: F. Kramer – C. Sigrist (Hg.), (Anm. 6), 250ff).
29 African Rituals of conflict, American Anthropologist 65 (1963), 1254ff = J. Middleton (Hg.), Gods and rituals, Austin and London 1967, 197ff.

30 Ritual, Tabu und Körpersymbolik, Frankfurt 1974 (Natural Symbols. Explorations in cosmology, London 1970, ²1973) 129f.
31 C. Lévi-Strauss (Anm. 1).
32 W. Laiblin (Hg.), Märchenforschung und Tiefenpsychologie, Darmstadt 1972.
33 L. Petzoldt (Hg.), Vergleichende Sagenforschung, Darmstadt 1969.
34 A. B. Lord, The singer of tales, Cambridge/Mass. 1960; R. Finnegan, Oral Literature in Africa, Oxford 1970; R. C. Culley, Oral tradition and historicity, in: Festschrift F. V. Winnett, Toronto 1972, 102ff; B. O. Long, Recent Field Studies in oral literature and their bearing on Old Testament criticism, Vetus Testamentum 26 (1976), 187ff.
35 W. E. Mühlmann, Das Mutterrecht, in: Rassen, Ethnien, Kulturen, Neuwied und Berlin 1964, 215ff; D. M. Schneider – K. Gough (Hg.), Matrilineal Kinship, Berkeley usw. 1961 (1973).
36 M. S. Robinson, Filiation and marriage in the Trobriand Islands: A re-examination of Malinowski's material, in: M. Fortes (Hg.), Marriage in tribal societies, Cambridge 1962, 121ff. Zum folgenden s. den von M. Schneider und K. Gough (Anm. 35) hg. Band.
37 M. S. Robinson (Anm. 36).
38 J. Goody, The Mother's brother and the sister's son in West Africa, The Journal of the Royal Anthropological Institute of Great Britain and Ireland 89 (1959) 61ff.
39 Matrilineal kinship (Anm. 35), 1.
40 D. M. Schneider (Anm. 35), 16.
41 Die Literatur ist uferlos. Klassisch sind: B. Malinowski, Art. Marriage, in: Encyclopaedia Britannica, 1929; R. H. Lowie, Social organization, New York 1948 (1960), 87ff; C. Lévi-Strauss, Structures élémentaires (Anm. 10), 1949; vgl. ferner A. R. Radcliffe-Brown-D. Forde (Hg.), African systems of kinship and marriage, London 1950; A. Phillips (Hg.), Survey of African marriage and family life, London 1953; M. Fortes (Hg.) (Anm. 36); E. R. Leach, Art. Marriage, in: Encyclopaedia Britannica, 1973 (sehr materialreich und als Einführung bes. gut geeignet); E. E. Evans-Pritchard, The position of women in primitive society, London 1965; I. R. Buchler-H. A. Selby, Kinship and social organization, New York-London 1968.
42 E. E. Evans-Pritchard, Social character of bride-wealth, with special reference to the Azande, 1933, in: The Position of Woman (Anm. 41), 181ff; S. Meillassoux, Die wilden Früchte der Frau, Frankfurt 1976, 77ff (sowie die Anm. 41 genannte Lit.).
43 I. R. Buchler-H. A. Selby (Anm. 41), 19ff, 47ff; G. P. Murdock, Social Structure, 1949.
44 R. Döbert – J. Habermas – G. Nunner-Winkler (Hg.), Entwicklung des Ichs, Köln 1977; H. Hartmann, Ich-Psychologie, Stuttgart 1972; L. Kohlberg, Zur kognitiven Entwicklung des Kindes, Frankfurt 1974; J. Piaget, Erkenntnistheorie der Wissenschaften vom Menschen, Frankfurt usw., 1973; T. Parsons, Sozialstruktur und Persönlichkeit, Frankfurt 1968. G. H. Mead, Geist, Identität, Gesellschaft, Frankfurt 1973 (1934); ders., Sozialpsychologie, Neuwied und Berlin 1969.
45 Die Arbeiten von G. Róheim, P. Parin, F. Morgenthaler, G. Devereux; vgl.

jetzt H. Bosse, Diebe, Lügner, Faulenzer, Zur Ethno-Hermeneutik von Abhängigkeit und Verweigerung in der Dritten Welt, Frankfurt 1979.
46 T. Herrmann, Lehrbuch der empirischen Persönlichkeitsforschung, Göttingen usw. ³1976, 23.
47 G. Parrinder, West African psychology. A comparative study of psychological and religious thought, London 1951, 17ff. (Ohne ethnosoziologische Korrelarien kann dieses Buch, insbesondere im Zusammenhang religionsvergleichender Textinterpretationen, nicht herangezogen werden.)
48 Dazu v. a. P. Radin, Primitive man as philosopher, New York 1957; ders., Gott und Mensch (Anm. 1). »In all recent treatments history has come to be the history of the intellectual class, and at all times it has been the history of the exceptional man« (Primit. man 4).
49 Unter besonderer Berücksichtigung ihrer Ehe- und Familienverhältnisse, Bonn 1975 (Bonner orientalistische Studien 30).
50 AaO. 156.
51 Kapauku Papuans and their law, Yale Univ. Public. in Anthropology 54, 1958 (repr. 1964), 153f.
52 AaO. 16.
53 K. Polanyi in: Ökonomie und Gesellschaft, Frankfurt 1979, 256ff, auf der Grundlage der Arbeit von M. J. Herskovits, Dahomey, an ancient West African Kingdom I, II, New York 1938.
54 A. Kardiner, The individual and his society. The psychodynamics of primitive social organization, with a foreword and two ethnological reports by Ralph Linton, New York 1939, 6th repr. 1955.
55 Anm. 54; die folgende Wiedergabe nach A. Kardiner, with collab. of R. Linton, Cora du Bois, J. West, The psychological frontiers of society, New York 1945.
56 Vor allem R. Linton, Gesellschaft, Kultur und Individuum, Frankfurt 1974 (The cultural background of personality, New York 1945).
57 A. R. Lindesmith – A. Strauss, Zur Kritik der »Kultur-und-Persönlichkeitsstruktur«-Forschung, deutsch in: E. Topitsch (Hg.), Logik der Sozialwissenschaften, Köln-Berlin ⁴1967, 435ff; W. Rudolph, Die amerikanische »cultural anthropology« und das Wertproblem, Berlin 1959; M. Harris, The rise of anthropological theory, London 1969.
58 C. du Bois, The people of Alor, Cambridge 1960 (1944); dies., The Alorese, in: A. Kardiner, Frontiers (Anm. 55), 101ff.
59 Jugend und Sexualität in primitiven Gesellschaften, Bd. 1-3, München 1976, 1979 (4. bzw. 5. Aufl.) (1928; 1930).
60 Ich drücke mich hier begrifflich unscharf aus.
61 Femmes, greniers et capitaux, Paris 1975; deutsch: »Die wilden Früchte der Frau«. Über häusliche Produktion und kapitalistische Wirtschaft, Frankfurt 1976, ²1978.

Jürgen Kegler

Debora – Erwägungen zur politischen Funktion einer Frau in einer patriarchalischen Gesellschaft*

»Die für die Geschichte Israels bedeutendste Tat einer Frau ist wohl die der Debora. Ri 4-5 berichten, daß sie die israelitischen Stämme unter dem Heerführer Barak dazu brachte, eine Koalition aus kanaanäischen Stadtkönigen zu besiegen.«[1] So beginnt *F. Crüsemann* seinen Abschnitt über Debora. Was wissen wir über diese Frau? War Debora lediglich eine Alibifrau einer patriarchalischen Gesellschaft, eine archaische Annemarie Renger? War sie eine Frau, die sich besonders gut männlichen Verhaltensweisen angepaßt hatte, so daß sie in einer bestimmten geschichtlichen Situation die Männerrolle besser erfüllen konnte als die Männer? War sie also, wie man es einmal von Golda Meir gesagt hat, der »einzige Mann im Kabinett«? Wie konnte es in einer patriarchalisch strukturierten Gesellschaft zu einer politischen Führungsrolle einer Frau kommen? Wie sah diese Rolle konkret aus? Was waren das für Gruppen, die miteinander kämpften? Wie waren sie organisiert? Welche Interessen bestimmten den Krieg?

Wenn ich so frage, ist mein Interesse zuerst *historisch:* ich möchte – das verknüpfe ich mit dem Begriff »sozialgeschichtliche Bibelauslegung« – so präzise wie möglich die gesellschaftliche, politische, ökonomische Situation erfassen, soweit die Texte dazu etwas hergeben. Es ist *materialistisch,* sofern ich nach den realen Bedingungen der politischen Ereignisse und nach den Interessen der an ihnen Beteiligten frage. Dies ist angesichts der Texte, die oft wichtige Informationen verweigern, äußerst schwierig. Die Heranziehung von historischen, politischen, sozialen oder ethnosozialen Analogien ist dann methodisch erforderlich, bedarf aber stets sorgfältiger Begründung.

Noch eine weitere methodische Vorbemerkung ist notwendig. Eine sozialgeschichtliche Auslegung eines Textes setzt eine sorgfältige philologische und semantische Erschließung des Textes voraus. Sonst steht die Auslegung in der Gefahr, vorschnell ein Vorverständnis der sozialen Wirklichkeit in den Text hineinzutragen. Ich will dies an einem Beispiel verdeutlichen. *Ton Veerkamp* hat mit dem Anspruch, eine historisch-materialistische Auslegung des Debora-Liedes zu liefern[2], das kriegerische Ereignis, von dem Ri 5 erzählt, wie folgt umschrieben: »Ein kleiner Bauernhaufen aus den Bergen des zentralen Palästinas kam seinen unterdrückten Nachbarn aus der Ebene und dem nördlichen Hügelland zur Hilfe. Eine Streitwagenabteilung eines habgierigen Stadtfürsten, der sich anschickte, aus seinem Stadtstaat ein kleines Königreich zu machen, wurde vernichtet. Damit wurde den Ambitionen dieses Königs ein Riegel vorgeschoben, und die Bauern atmeten auf: sie hatten wieder ›Ruhe‹, d. h. sie konnten ihr eigenes Leben führen. Welthistorisch betrachtet ein belangloses Ereignis.«[3] Verziehen sei ihm, daß er die widersprüchliche Überlieferung in Ri 4 und 5 harmonisiert. Entscheidender ist, woher Veerkamp eigentlich weiß, daß die eine Seite aus Bauern bestand? Er weiß es offensichtlich aus den Versen 7 und 11, wo in seiner Übersetzung das Wort »Bauer« auftaucht. Damit steht er in einer guten konservativen exegetischen Tradition. Nur, wenn man philologisch korrekt arbeitet, muß man zugeben, daß die Bedeutung des Wortes gänzlich unklar ist. Das steht schon so bei *Gesenius*. Dort heißt es zu dem hier in Frage stehenden Wort przwn: »unsicheres W(ort); T(ar)g(um), Syr. (= Peschitta): das offene Land . . .; Bachm(ann), Budde: die Bauern; dag(egen) LXX (= Septuaginta), Hi(eronymus), Ew(ald), Berth(olet): (V.) 7 die Führer, (V.) 11 d(ie) Führerschaft.«[4] *Seale* z. B. übersetzt das Wort mit »Freigebigkeit, Gastfreundschaft« und meint damit die verbürgte nomadische Gastfreundschaft, das bereitwillige Teilen mit Verwandten, Bekannten und Gästen[5]. Auch die Übersetzung »Kämpfer« ist vorgeschlagen worden[6]. Dieses Beispiel mag genügen, um zu zeigen, daß erst nach gesicherter philologischer Arbeit sozialgeschichtliche Schlußfolgerungen erlaubt sind. Daß dabei die Gefahr eines Zirkelschlusses naheliegt, braucht nicht erst betont zu werden.

Ich habe daraus die Folgerung gezogen, von Ri 5 eine Übersetzung anzubieten, die offen läßt, was in der bisherigen exegetischen Forschung ungeklärt ist. Ich habe dort, wo verschiedene Vorschläge zur Übersetzung möglich sind, die wichtigsten Varianten angeboten und möchte versuchen zu zeigen, was sich daraus für Konsequenzen für die Auslegung ergeben.

Debora

Ri 5 – Übersetzung mit Varianten

1 Debora sang (und Barak ben-Abino'am) an jenem Tag:
2 Daß man in Israel die Haare lang hängen ließ
  (daß man in Israel die Haare hochband)[7]
  (daß sich in Israel Führer als Führer zeigten),
  daß sich das Volk willig zeigte
  (daß sich das Volk hingab),
  dafür segnet Jahwe!
3 Hört, ihr Könige,
  merkt auf, ihr Fürsten (Häuptlinge)!
  Ich will Jahwe,
  ich will singen,
  ich will Jahwe spielen,
  dem Gott Israels.
  4 Jahwe, als du auszogst aus Seir,
    schrittest über Edoms Gebiet,
    erbebte die Erde,
    auch die Himmel troffen,
    auch die Wolken troffen von Wasser
  5 die Berge schwankten (sanken nieder[8])
    vor Jahwe,
    dem vom Sinai[9],
    vor Jahwe,
    dem Gott Israels.
6 In den Tagen Šamgars ben-'Anat,
  in den Tagen Ja'els
  hatte man aufgehört die Straßen zu benutzen[10]
  (gab es keine Straßen mehr)
  (hatten die Karawanen aufgehört)
  und die auf Pfaden gehen,
  mußten krumme Wege gehen.
7 Freigebigkeit/Gastfreundschaft[11] gab es nicht mehr
  (Führer/Bauern/Kämpfer)[12]
  in Israel gab es sie nicht mehr,
  bis ich aufstand, Debora
  (bis du aufstandst, Debora)
  bis ich aufstand, eine Mutter in Israel
  (bis du aufstandst).
8 Er wählte neue Götter
  (Gott wählt Neues/neue Männer)
  damals: Torbrot
  (verschwunden war das Gerstenbrot)
  Schilde wurden nicht gesehen
  noch Speere
  unter Vierzigtausend in Israel.

9 Mein Herz schlägt für die, die Israel einritzten
> (bestimmten)
> (motivierten?)
> die sich hingaben im Volk
> *(die sich willig zeigten im Volk)*
> dafür segnet Jahwe!
10 Die ihr auf weißrötlichen Eselinnen reitet,
auf Teppichen sitzt,
> und auf den Wegen zieht
> denkt nach!
> *(diskutiert)*
11 Durch die Stimme der Wasserverteiler zwischen den Tränkrinnen,
da werden die gerechten Taten Jahwes erzählt,
die gerechten Taten der Gastfreundschaft in Israel
> *(seiner Führer/Bauern/Kämpfer)*.
Damals zog das Volk Jahwes zu den Toren.
12 Wach auf, wach auf, Debora,
wach auf, wach auf, sing ein Lied.
Steh auf Barak, und führe die gefangen,
die dich gefangen halten, Sohn Abinoʿams
> *(fangen wollten)*[13]
13 Damals zog ein Entronnener zu den Vornehmen
> *(Mann im Panzer)*[14]
Jahwevolk, herrsche mir unter den Helden!
(Das Jahwevolk zog hinab zu den Helden)
14 Aus Efraim: seine Wurzel ist in Amalek
> *(seine Sprößlinge sind wie die Amalekiter)*[15]
Dir nach, Benjamin, mit deinen Scharen!
Aus Machir stiegen die herab, die einritzten
> *(bestimmten)*
und aus Sebulon die, die unter dem Stock eines Schreibers schleppten[16]
> *(Szepterträger)*
15 Meine Häuptlinge aus Issaschar, mit Debora!
Barak wurde auf ihrem Fuß in die Ebene entsandt!
(Meine Häuptlinge aus Issaschar: mit Debora und Barak!
ihnen auf dem Fuß folgend, wurden sie in die Ebene geschickt.)
An den Bächen Rubens großes Kopfzerbrechen (?)
16 Warum sitzt du zwischen den Gabelhürden (Sattelkörben)[17],
um das Herbeizischen der Herden zu hören?
An den Bächen Rubens großes Kopfzerbrechen,
17 Gilead blieb jenseits des Jordans sitzen
und Dan: warum bleibt es bei den Schiffen?
> *(warum macht es sich's bequem?)*[18]
Ašer bleibt an der Meeresküste,
sitzt an seinen Buchten.

Debora

18 Sebulon ist ein Volk, das sein Leben bis zum Tod wagt,
und (auch) Naftali auf den Höhen seines Gebietes.

19 Könige kamen, kämpften,
damals kämpften die Könige Kanaans
bei Taanach an den Wassern Megiddos,
Silberbeute nahmen sie nicht.

20   Vom Himmel kämpften die Sterne,
aus ihren Bahnen kämpften sie gegen Sisera.

21 Der Kischonbach schwemmte sie weg,
der Bach der Vorzeit (?)
tritt einher, meine Seele, mit Kraft!
(auf zum Ruhm meine Seele!)

22 Damals stampften die Hufe der Pferde
vom wilden Galopp ihrer Hengste (gleichzeitig: Offiziere).

23 Verflucht Meros, sprach der Jahwebote,
verflucht, verflucht seine Bewohner.
Denn sie kamen nicht Jahwe zu Hilfe,
Jahwe zu Hilfe unter seinen Helden.

24 Gesegnet unter (vor) den Frauen sei Ja'el,
die Frau des Keniters Heber.
Unter (vor) den Frauen im Zelt sei sie gesegnet!

25 Wasser bat er,
Milch gab sie,
in einer Schale Vornehmer reichte sie ihm Dickmilch.

26 Ihre Hand streckte sie zum Pflock,
ihre Rechte zum Arbeiterhammer,
zerhämmerte Sisera,
zerschlug seinen Kopf,
zerschmetterte,
durchbohrte seine Schläfe.

27 Zwischen ihren Füßen sank er in die Knie,
fiel nieder,
lag da,
wo er in die Knie sank,
fiel er nieder,
erschlagen.

28 Durch das Fenster blickte,
klagte Siseras Mutter durch das Gitter:
»Warum kommt sein Wagen so spät?
warum verspätet sich der Hufschlag seiner Streitwagen?«

29 Die Weisheiten ihrer Sängerinnen[19] (vornehmen Frauen) singen ihr Antwort,
ja, sie selbst wiederholt deren Worte:

30 »Finden sie nicht,
teilen sie nicht Beute?
Einen Schoß, zwei Schöße pro Kopf jeden Mannes,

die Beute von ein, zwei bunten Kleidern für Sisera,
ein buntes Tuch, zwei bunte Tücher für meinen Hals.«
31 So mögen alle deine Feinde, Jahwe, zugrundegehen!
Die dich lieben, sind wie die Sonne beim Aufgang in ihrer Pracht.

Und das Land hatte vierzig Jahre lang Ruhe.

V. 1: Die Überschrift verrät deutlich Spuren einer redaktionellen Korrektur. Das Verb steht in der 3. Pers. sg. *fem.*, also kann nur Debora Subjekt sein: an jenem Tag sang Debora. Eine Frau singt. Eine Frau, die offensichtlich, wie das Lied im weiteren Verlauf zeigt, die entscheidende Initiative ergriffen hat. Das hat Anstoß erregt. Hier kommt der Mann zu kurz. Eine offensichtlich männische Korrektur hat eingegriffen und, syntaktisch schlecht, den Mann Barak mitsingen lassen. Die exklusive Rolle der Frau, Debora, wird damit relativiert, die Bedeutung der Frau nivelliert. Die Überschrift verrät so, daß das Lied ursprünglich als ein Lied einer Frau verstanden und tradiert wurde. Doch der berechtigte Stolz der Frauen war den Männern wohl zuviel.

V. 2: »Daß sich in Israel Führer als Führer zeigten, daß sich das Volk willig erwies, dafür segnet Jahwe!« Wer so übersetzt, suggeriert, daß die Initiative von Führergestalten ausging, die das Volk erst zu seinem Glück zwingen mußten. Daß die Masse gehorchte, daß sie ihren Führern bereitwillig folgte, keinen Widerstand leistete, ist dann der Grund der Freude. Nur dadurch, daß sich Führer ihrer eigentlichen Aufgabe, nämlich zu befehlen, annahmen, und das Volk ihren Befehlen gehorchte, ist es zu dem erfolgreichen Kampf gekommen. Es wundert nicht, daß sich diese Interpretation in der Zeit vor den beiden Weltkriegen großer Beliebtheit erfreute. Exegetisch abgesichert wurde diese Interpretation durch Heranziehung eines assyrischen Wortes für Führer mit ähnlichen Konsonanten, obwohl eine direkte Verwandtschaft mit dem hebräischen Wort pr' nicht bewiesen werden konnte. Nimmt man stattdessen eine Verwandtschaft mit einem arabischen Wort an und zieht eine aus assyrischen Texten belegte Sitte hinzu, daß Krieger im Kampf ihr langes Haar (zur besseren Kampffähigkeit) hochbanden, oder, was aus dem arabischen Raum belegt ist, die Haare wachsen ließen, wachsen lassen mußten[20], weil keine Zeit zum Schneiden blieb, ändert sich die Sicht völlig: jetzt kann man nicht mehr zwischen Führern und Volk differenzieren; der Satz besagt: daß man in Israel kämpfte, bereit war, wagte zu kämpfen, dafür segnet Jahwe. Das Verb der zweiten Hälfte des Parallelismus läßt sich mit »sich hingeben, sich freiwillig, sich willig, sich bereit zeigen« wiedergeben. Jahwe wird dann dafür gepriesen, daß in Israel – ohne politisch-soziale Differenzierung – die Bereitschaft, der Wille zum Kampf vorhanden war. Daß vom Volk, von Israel, gekämpft wurde, ist der Anlaß zum Jubel. Aus den Worten spricht die Solidarität, die Freude der Sängerin über die aktive Aufnahme des Kampfes, bildhaft dargestellt am langhängenden bzw. hochgerafften Haar der Kämpfer. Nicht mehr die Oberschicht, die Bevölkerung selbst steht im Blickfeld und *ihre* Bereitschaft für sich selbst zu kämpfen.

V. 3 läßt offen, wer als Zuhörer angesprochen wird. Die Anführer der Stämme wohl kaum, denn in der Zeit der Auseinandersetzung gab es in Israel noch kein Königtum. Man wird hier eher an die Könige und höheren Machthaber in der – kanaanäischen – Umwelt zu denken haben. Der Sinn des Aufrufs wäre dann: merkt auf, hört zu, ihr Machthaber, wovon ich jetzt singe – nämlich von einem Sieg über eine Koalition von Leuten eurer Art. Die Fürsten und Könige sollen sich anhören, was mit solchen wie ihnen passieren kann. Jahwe ist Adressat des Liedes: dem Gott der Siegreichen wird nach dem Sieg gedankt. Dies ist eine breit belegte altorientalische Sitte, eine kultische Begehung. Der Charakter des Liedes als eines Siegesliedes liegt von daher nahe. Im Alten Testament ist die Sitte belegt, »daß nach der Schlacht die heimkehrenden Männer von den Frauen mit Gesang und Tanz begrüßt wurden (vgl. Ri 11,34; 1 Sam 18,7; Ex 15,21)«[21]. Wenn diese Sitte auch hinter dem Lied steht, dann verbirgt sich hinter dem Ich eine Frau. Dies deckt sich mit der Aussage der ursprünglichen Überschrift. Der syntaktisch auf den ersten Blick schwierige Versteil 3b läßt sich ohne Schwierigkeiten verstehen, wenn man beachtet, daß es sich um ein Lied handelt. Denn in Liedern gibt es häufig Kurzsätze, Kurzaussagen, Abkürzungen, die rhythmisch oder melodisch wiederholt werden. Eine Änderung des Textes ist von daher unnötig.

V. 4-5 enthält ein Epiphanieelement. Das Kriegsgeschehen wird mit dem Erscheinen der Gottheit zusammengesehen, deren Eingreifen zur Rettung der Bedrohten erfolgte. Damit wird im Lied ein dramatischer Akzent gesetzt, das Geschehen wird als ein überaus wichtiges, d. h. kosmisches Geschehen gesehen. Mir scheint dies in traditioneller religiöser Sprache der Ausdruck der realen Erfahrung der hier Redenden zu sein. Für sie ist der Sieg ein Ereignis, das gewaltig war, veränderte es doch die reale Lage der Betroffenen und schuf gleichzeitig eine neue Ausgangsbasis für die Zukunft. Eine Angst war gewichen, Gemeinsamkeit, solidarisches Handeln war erlebt und praktiziert worden, eine konkrete Bedrohung erfolgreich abgewendet. Erlebt als etwas Gewaltiges, fand es seinen Ausdruck in mythisch-kosmologischen Sprachmustern.

In *V. 6-8* findet sich die Schilderung der Not. Sie muß besonders sorgfältig abgeklopft werden, um aus ihr möglichst konkrete Aussagen über das Geschehen zu gewinnen. Die Datierung, für die Betroffenen ohne weiteres verständlich, ist für uns nicht mehr greifbar, wissen wir doch weder, wer Šamgar ben-ʿAnat war, noch wann Jaʿel lebte. Erkennbar ist nur, daß Šamgar keinen hebräischen, sondern einen ḫurritischen Namen trägt und daß er den Namen der Kriegsgöttin ʿAnat enthält, was möglicherweise auf eine militärische Funktion dieses Šamgar verweist[22]. Jedenfalls wird der Göttername unbefangen verwendet. Wichtig scheint mir, daß diese relative Zeitangabe auch den Namen einer Frau, Jaʿel, enthält. Wir erfahren im Lied noch mehr über sie. Wichtig deshalb, weil Datierungen im Alten Testament sonst nahezu ausschließlich Männer nennen. Die ausdrückliche Erwähnung der Frau Jaʿel zeigt m. E., daß sie in weiten Kreisen hohes Ansehen genossen hat, daß man später geradezu von »der Zeit Jaʿels« sprechen konnte. Doch vorerst ist diese Zeit eine Zeit der Bedrückung. Der Parallelismus in V. 6 stellt Straßen und Pfade nebeneinander; deutlich ist, daß diese Pfade unsicher geworden sind. Man mußte Umwege gehen. Ähnliches scheint auch die erste Vershälfte sagen zu wollen: Die Straßen waren unbenutzbar geworden. Viele Exegeten verändern das Wort für Straßen durch einfache Konsonantenumstellung (ʾrḥwt/ʾḥrwt) in »Karawanen«. Mir scheint der Parallelismus zugunsten der Beibehaltung von »Straßen« zu sprechen. Diese Aussage will ich zu konkretisieren versuchen. Offensichtlich ist die Benutzung der Straßen und Wege, die für den damaligen Handel von außerordentlicher Wichtigkeit war, für die Israeliten unmöglich geworden. Warum, bleibt offen. Man kann spekulieren, ob an Raubüberfälle, Beschlagnahmungen, Erpressungen oder Vergewaltigungen gedacht ist. Die Sicherheit der Wege ist die Voraussetzung für Warentransport und Handel, nicht zuletzt für die Kommunikation. Kommt all dies zum Erliegen, ist wirtschaftliche Not und damit Hunger und Krankheit die Folge. V. 7 beklagt, daß es etwas Bestimmtes nicht mehr gab. Leider läßt sich nicht sagen, was. Ich neige dazu, mit *Seale* an Gastfreundschaft, Freigebigkeit zu denken[23]. Der Sinn wäre dann der, daß darüber geklagt wird, daß eine der fundamentalen Sitten und Normen der damaligen Gesellschaftsstruktur, die Gastfreundschaft und damit die praktizierte Solidarität, nicht mehr möglich war, weil die Armut zu groß geworden war.

». . . bis ich aufstand, Debora . . .« Das hebräische Verb steht in der 1. ps. sg., fügt sich also bruchlos in die bisherige Diktion des Liedes ein. Es ist für mich rätselhaft, weshalb viele Übersetzer ». . . bis du aufstandst . . .« übersetzen. Sie müssen dafür eine archaisierende Form der 2. ps. sg. postulieren. Ist den Exegeten hier das Selbstbewußtsein einer Frau zum Anstoß geworden? Ist dies wieder eine typisch männische Korrektur? Vielleicht gilt es gar als unvornehm, in der Ichform Stolz über eine gelungene Großtat zu zeigen?

». . . bis ich aufstand, eine Mutter in Israel.« Für mich ist das Wort »Mutter« hier ein Schlüsselwort. Um die Assoziationsbreite dessen, was Mutter besagt, zu erfassen, müßte man

a) möglichst exakt die Rolle einer Mutter in einer patriarchalischen Gesellschaft,
b) die männlichen Projektionen in ein Mutterbild und
c) das Selbstverständnis damaliger Mütter erfassen.

Ich will dazu nur einiges anreißen: Muttersein in einer patriarchalischen Gesellschaft heißt vor allem fortlaufend schwanger sein, Schmerzen haben, trotz Schwangerschaft hart arbeiten müssen, von Jahr zu Jahr mehr Kinder versorgen, erziehen, gesundpflegen, den Tod von Kindern miterleben, und dabei immer weiter im Feld, im Zelt oder Haus und bei der Herde arbeiten, erneut schwanger werden, früh altern. . . Heißt auch, gesellschaftlich gering geachtet zu sein, wenn man ein Mädchen zur Welt bringt, obwohl sie daran keinerlei Schuld trifft. Die Mutter hat eine eminent wichtige ökonomische Funktion, da sie durch ihre Arbeitskraft und -leistung einen Teil der materiellen Basis einer Familie zu schaffen hat, zugleich trägt sie voll die Last der biologischen Reproduktion der Familie, sichert ihren Bestand. Sie hat zudem häufig einen Mann mit mehreren Frauen zu teilen, sexuelle Selbstbestimmung fehlt ihr völlig. Ich meine, aus dem Satz »bis ich aufstand, eine Mutter in Israel« den Stolz und das Selbstbewußtsein einer Frau herauszuhören, die um die objektive Überlegenheit des Mutterseins über das Vatersein in ihrer Gesellschaft weiß. Vielleicht spielen auch bei den Zuhörern Projektionen mit: Debora als Mutter, die ermutigt, motiviert, energisch ist und Feigheit verlacht, zugleich Trost gewährt und Geborgenheit, Schutz oder Bewahrung zu bieten vermag. Das alles war ich euch, als ich aufstand! Auch das mag mitklingen: Die mannhafte, wehrhafte Frau, die vermochte, was Männer sich nicht zutrauten, die initiativ wurde, anstachelte, agitierte, zum Kampf ermutigte. Eine Mutter, die sich für ihre Kinder verantwortlich fühlte und darum politisch aktiv wurde. Soweit meine Assoziationen.

V. 8 ist höchst problematisch. Folgende Deutungen kommen in Frage: Israel wählte sich neue Götter, d. h. Israel verliert seine religiöse Identität, steht im Prozeß einer schleichenden Assimilation an die herrschende Religion, die Religion der herrschenden Kanaanäer; oder verhält sich opportunistisch gegenüber den faktischen Machthabern und deren religiöser Ideologie, denkt also nicht an die Befreiungserfahrung aus der ägyptischen Sklaverei. Kurz: es gibt keine praktizierte, durch die Religion vermittelte Solidarität gegen die Herrschenden, Resignation breitet sich aus. Syntaktisch auch möglich wäre die Übersetzung »Gott wählt Neues (oder: neue Männer)«. Dies würde den Akzent von der Tat der Debora weg auf ein Tun Gottes verschieben, also die menschliche Aktivität »theologisieren«. Mir scheint, daß eine dritte Möglichkeit erwogen werden muß. Das Lied enthält sonst fast durchweg Parallelismen. Der zweite Versteil weiß von einer Hungersnot, das versteckt sich hinter dem wörtlich übersetzten, schwer verständlichen »Brot der Tore«, oder, bei nur leichter Konjektur, »verschwunden war das

Gerstenbrot«. Ich vermute, daß die erste Vershälfte ursprünglich von Ähnlichem berichtete, einem Mangel an Lebensmitteln evtl. an Opfertieren. Jedenfalls sagt V. 8b, daß unter 40000 Israeliten weder Schild noch Speer existierte. D. h. sie verfügten nicht über die Bewaffnung ihrer Gegner, waren militärisch hoffnungslos unterlegen. Schilde waren damals meist rechteckig, aus Holz mit Lederbespannung, mitunter rund. Der Speerschaft war aus Holz mit einer Spitze von Erz, möglicherweise sogar, wenn man die Schlacht nahe an die Übergangszeit zur Eisenzeit ansiedelt, schon aus Eisen. Damit ist wohl angedeutet, daß die Israeliten von der damaligen Waffentechnologie und -produktion ausgeschlossen waren, daß die kanaanäischen Stadtherrn ein Monopol ausübten. M. a. W.: Die Ausgangslage ist denkbar schlecht: nicht nur der Handel ist unmöglich, auch konspirative Treffen sind angesichts der für die Israeliten unsicheren Straßen nahezu ausgeschlossen (nur auf Umwegen, V. 6!), der Hunger machte sich breit und die Bevölkerung ist unbewaffnet, zumindest haushoch unterlegen.

V. 9 läßt wieder vieles offen. Das Wort hqq meint »aushauen, einritzen, -zeichnen« und wird dann von dorther mit »festsetzen, bestimmen« übersetzt[24]. Deboras Herz schlüge dann – wie in V. 2 – für die Autoritäten im Volk. Doch das ist unsicher. Mir scheint erwägenswert, ob sich hinter dem Wort, unter Beibehaltung des ursprünglichen Sinnes »einritzen«, nicht möglicherweise eine Kriegssitte verbirgt, bei der der Krieger sich in bestimmter Form durch Einritzungen auf der Haut für den Krieg vorbereitete. Die Problematik der Deutung ist dann ähnlich wie in V. 9. Entweder werden hier Führer und Volk, oder aber das Volk unter dem Aspekt der aktiven Vorbereitung für den bewaffneten Kampf gelobt. Jedenfalls sagt der Vers etwas aus über die Solidarität Deboras.

Auch die *Verse 10f* lassen eine unterschiedliche Interpretation zu. Sie hängt an der Deutung des Verbes in V. 10, das ursprünglich ein lautes Reden meint, evtl. auch »nachsinnen«[25]. Entweder werden hier zwei aus verschiedenen sozialen Milieus stammende Gruppen zum Erzählen aufgerufen: die Reichen, die sich prächtige Zuchtesel und Teppiche leisten können, und die Armen, die die Arbeit des Wasserverteilens zum Tränken durstiger Viehherden tagtäglich zu verrichten hatten. Oder hier wird im Gegenteil darüber gespottet, daß die Reichen auf ihren Tieren und Teppichen sitzen und laut diskutieren, während die eigentlich Aktiven die Wasserverteiler sind. Sie, die in ständigem Kontakt mit den Hirten stehen, sind wichtige Kommunikationsstellen. Hier werden Neuigkeiten ausgetauscht, vielleicht auch gerade hier agitiert. Damit würde den bequemen Reichen auch das Recht verwehrt, im Nachhinein die Taten Jahwes, die erfolgreichen Kämpfe der Israeliten gegen die kanaanäische Koalition zu erzählen, an denen sie nicht teilgenommen haben. Wie dem auch sei, mit den Wasserverteilern zwischen den Tränkrinnen haben wir eine Aussage, die sozialgeschichtliche Schlüsse zuläßt. Die Wasserverteilung für die Herden deutet auf einen Vorgang in Hirtenkreisen. Ob diese Hirten eher nomadisierende Gruppen oder Seminomaden mit jahreszeitlich bedingter Seßhaftigkeit waren, muß offenbleiben. Ich möchte also nicht Bauern gegen Hirten ausspielen, sondern lediglich feststellen, daß hier auf Hirtenmilieu angespielt wird.

V. 12: Das Geschehen begann damit, daß ein Haufe von Israeliten vor die Tore eines Ortes zog, um Debora aufzurufen, initiativ zu werden. Sie erwarteten offenbar, daß Debora ein Lied anstimmte. Das ist ein wichtiger Hinweis auf die objektive Funktion der Debora. Dazu werde ich weiter unten noch einiges ausführen. Erwartet wird also das Singen eines Liedes. Manche Exegeten nehmen an, daß in 12b nicht mehr das Volk redet, also auch Barak vom Volk aufgefordert wird, sondern eben das Lied zitiert wird, das Debora anstimmte:

Steh auf Barak, führ die gefangen,
die dich gefangen halten, Sohn Abino'ams
    (*fangen wollten*)

Ist diese Sicht richtig, denn ist Debora diejenige, die Barak zu der militärischen Aktion antrieb, unterstützt von einer Gruppe im Volk, die schon zum Kampf entschlossen ist. In jedem Fall besagt der Aufruf, daß Barak den bewaffneten Kampf gegen die aufnehmen soll, die ihm und dem Volk die Freiheit nehmen oder nehmen wollen. Der Kampf wird als Befreiungskampf verstanden.

V. 13 ist derzeit unverständlich; jede Übersetzung ist fraglich.

Debora

Auch die Stammessprüche, *V. 14-18*, enthalten viele Unklarheiten. Mich interessiert hier vor allem, was sie, trotz des unsicheren Textes, an konkreten Daten sozialgeschichtlicher Art erkennen lassen. Deutlich sind die Sprüche dort, wo es um die Stämme geht, die sich *nicht* am Kampf beteiligten: Ruben, Gilead, Dan, Ašser. Dabei ist erkennbar, daß die Rubeniten vor allem Hirten waren. Mit dem Herbeizischen der Herden ist ein Vorgang gemeint, den *O. Eißfeldt*[26] sehr konkret beschrieben hat: im Falle räuberischer Bedrohung treiben die Hirten ihr Vieh in kreisförmige Pferche, verschließen sie und verteidigen ihr Vieh von Steinwällen der Gabelhürden aus gegen Viehräuber. Der Sinn ist dann etwa der: Warum bleibt ihr Rubeniten dabei, eure Herden weiter für euch allein zu verteidigen, ohne die Gefahr, die euch allen droht, ein für allemal zu beseitigen, durch eure Teilnahme an unserem gemeinsamen Kampf?

Die Sprüche scheinen von der Teilnahme von sechs Stämmen am Kampf auszugehen: Efraim, Benjamin, Machir, Sebulon, Issachar und Naftali. Dies steht in Spannung zur Erzählung in Ri 4, die nur zwei beteiligte Stämme kennt. Die damit verbundenen historischen Probleme sollen hier außer acht bleiben. Unser Text denkt an eine Sechserkoalition. Wie sie zustande kam, bleibt offen. Allerdings ist eines deutlich: die Stämme haben keine zentrale Leitung. Bei Issachar ist die Rede von mehreren śarîm, was ich mit »Häuptlinge« übersetzt habe. Vorausgesetzt ist also eine dezentralisierte Organisationsform. Sebulon und Naftali werden kollektiv als kampfbereite, wagemutige Leute charakterisiert, dabei ist der Stamm insgesamt im Blick, nicht eine – wie immer strukturierte – Führungselite.

Leider bleibt auch hier vieles undeutlich. Was sind das für Leute aus dem Stamm Machir? Einige Exegeten sehen wieder die Führer am Werk; doch das scheint unwahrscheinlich, denn ohne eine kampfbereite Gruppe sind Führer nutzlos. Wie schon bei V. 9 angedeutet, können damit auch besonders geschminkte/tätowierte/ durch Hautritzungen zum Kampf geweihte Kämpfer gemeint sein. In jedem Fall deutet auch hier nichts auf die Existenz einer Zentralinstanz. Schwierig ist die Aussage über Sebulon.

Etliche Exegeten denken an Szepterträger. Diese Übersetzung geht nur durch Eingriffe in den Textbestand. Ich neige, bei wörtlicher

Übersetzung, zu der Deutung, daß hier eine Gruppe von Leuten am Kampf teilnimmt, die bisher »unter dem Stock eines Schreibers schleppen« mußten, d. h. zu Fronarbeiten, die von der kanaanäischen Bürokratie überwacht wurden, herangezogen wurden (die Grundbedeutung von mšk ist »packen, wegraffen, ziehen, schleppen«).

Ich möchte kurz zusammenfassen, welche Daten sich aus diesen Sprüchen ergeben haben:

1. Die 10 Stämme, die genannt werden, weisen offenbar alle eine akephale (wörtlich: »kopflos«, d. h. ohne Zentralinstanz mit Sanktionsgewalt) Organisationsstruktur auf;
2. Sechs von ihnen bilden ein ad-hoc-Bündnis, vier verweigern die Beteiligung an der kriegerischen Auseinandersetzung;
3. Offensichtlich finden in den Stämmen längere Diskussionen (Palaver) über die Teilnahme bzw. Nichtteilnahme statt;
4. Eine Zentralinstanz, die die Gefolgschaft erzwingen könnte, fehlt;
5. Barak scheint spontan für den Feldzug in die Rolle des militärischen Führers genötigt worden zu sein;
6. Debora, dem Stamm Issaschar zugeordnet, wurde von Leuten aus dem Volk aufgefordert, durch Kampfgesang die Männer zum Krieg aufzustacheln; dabei ist vorausgesetzt, daß sie bereits vor dieser Aufforderung eine gewisse Autorität besessen hat;
7. Ob die einzelnen Stämme überwiegend aus Bauern, Hirten oder Halbnomaden bestanden, läßt sich nicht entscheiden.

Will man diese Daten sozialgeschichtlich richtig einordnen, muß man den Schritt vom Text hin zu analogen Strukturen machen, also nach analogen Erscheinungsformen suchen. Hier hat F. *Crüsemann* das Verdienst, auf die Arbeiten von Chr. *Sigrist*[27] über segmentäre Gesellschaften in Afrika aufmerksam gemacht zu haben. Eine segmentäre Gesellschaft ist »eine akephale (d. h. politisch nicht durch eine Zentralinstanz organisierte) Gesellschaft, deren politische Organisation durch politisch gleichrangige und gleichartig unterteilte mehr- oder vielstufige Gruppen vermittelt ist«[28]. Das Fehlen einer Zentralinstanz bedeutet dabei das Fehlen »einer öffentlichen Instanz, welche die Verbindlichkeit ihrer Kontrolle gegebenenfalls mit öffentlich gebilligten physischen Sanktionen,

deren Vollzug delegierbar ist, durchsetzt«[29]. Dieses Fehlen einer mit Sanktionsgewalt ausgestatteten Instanz zeigt sich im Deboralied einmal an der Tatsache, daß einige Stämme *nicht* am Krieg teilnehmen und daß als Reaktion der übrigen nur bleibt, diese zu kritisieren, zu tadeln oder mit Spott zu bedenken. Die soziale Sanktion gegen die Verletzung der Solidaritätspflicht besteht in Distanzierung. Sigrist legt besonderen Wert auf antiherrschaftliche und xenophobe (fremdenfeindliche) Grundströmungen in akephalen Gesellschaften. Diese antiherrschaftliche Tendenz hat ihre Wurzel in der Existenz eines stark ausgeprägten Gleichheitsbewußtseins. Wenn diese Beobachtung auch für die in Frage kommenden israelitischen Stämme gelten kann, dann kann man den Kampf, von dem das Deboralied spricht, nicht allein auf den Gegensatz Bauernschaft/Stadtherrschaft reduzieren, sondern muß ihn umfassender als Widerstand einer segmentären Gesellschaft gegen die straff organisierte zentralistische Herrschaftsform der Kanaanäer verstehen. Inwiefern dabei auch xenophobe Elemente eine Rolle gespielt haben, ist nicht klar erkennbar, aber es ist durchaus wahrscheinlich.
Sigrist beschreibt ferner das Phänomen des sporadischen Zusammenschlusses segmentärer Gesellschaften zu gemeinsamen kriegerischen Aktionen, bei denen sich spontan und auf Zeit eine Führerschaft durch Einzelne ergeben kann, ohne daß sich daraus jedoch eine kontinuierliche Zentralinstanz bilden muß. Eben dieser Vorgang liegt auch dem im Deboralied geschilderten Geschehen zugrunde. D. h. die von *Sigrist* für akephale Gesellschaften empirisch erhobenen Erscheinungsformen sind als Analogien zum Verständnis der Vorgänge, die Ri 5 beschreibt, außerordentlich hilfreich. Nicht der Kampf eines Bauernhaufens gegen einen habgierigen Stadtfürsten, sondern der antiherrschaftliche Kampf einer segmentären Gesellschaft, zu der Bauern, Halbnomaden und Hirten gehörten, gegen eine Integration unter eine straff organisierte zentralistische Herrschaft spiegelt sich sozialgeschichtlich im Lied der Debora.
Von diesem Hintergrund her muß die Frage nach der politischen Rolle der Debora gestellt werden. *Sigrist* betont als eine der notwendigen Bedingungen für die Integrationsfähigkeit segmentärer Gesellschaften die Patrilinearität als dominantes Deszendenzprin-

zip[30]. Dies trifft auf die israelitische Gesellschaft zu. Welche politische Rolle kann dann in einer derart patriarchalischen Gesellschaft eine Frau überhaupt spielen? *Sigrist* schließt sich der Meinung von E. W. *Müller*[31] an, daß Frauen in segmentären Gesellschaften in der Regel keine politischen Funktionen haben, da sie von Beratungen und Rechtsverfahren ausgeschlossen sind. Eine Ausnahme sind Frauen in bestimmten Rollen. »Für einzelne Frauen gab es auch in segmentären Gesellschaften Rollen, die ihnen größeren Einfluß als anderen verschaffen oder gar die Befugnis einräumten, Sanktionen zu verhängen. Priesterinnen gab es zumindest bei den Tallensi, Amba, Kiga, Prophetinnen bei den Nuer . . .«[32] Es sind also überwiegend kultische Funktionen, die der Frau einen größeren Einfluß verschaffen konnten. In einer Gesellschaft, in der die Frauen normalerweise von der Kriegsführung ausgeschlossen sind, beschränkt sich zudem im konkreten Kriegsfall ihre Aufgabe darauf, die Männer zum Kampf zu motivieren, sie durch Kriegsgesang und -tanz zu mobilisieren. Möglicherweise bestand die Besonderheit Deboras darin, daß sie nicht nur durch Kampflieder die Männer ermutigte und anstachelte, sondern daß sie auch die Männer in den Krieg begleitete. Dies läßt sich evtl. aus V. 15 vermuten und wird durch die Darstellung in Kap. 4 bestärkt: dort macht Barak seine Zustimmung zum Krieg abhängig von Deboras Mitgehen. Dafür, sagt Debora, geht dann auch der Ruhm über den Sieg an die Frau. Zieht man zudem die Aussage von 4,4 hinzu, in der Debora Prophetin ('iššā nebî'ā) genannt wird, rundet sich das Bild. Ich möchte daher als *These* formulieren:

Debora war eine Prophetin in einer patrilinearen segmentären Gesellschaft[33]. Aufgrund dieser Rolle verfügte sie über einen gewissen Einfluß, wie ihn normalerweise Frauen ihrer Zeit nicht besaßen: als Prophetin konnte sie die Autorität einsetzen, im Namen der Gottheit Jahwe zu sprechen, und sie konnte Gottesworte über den Ausgang eines Krieges verkünden. Aufgrund dieses Einflusses, möglicherweise auch durch Agitation, anstachelnde Lieder, evtl. durch aktive Organisation von Widerstand, Koordinierung der Bewaffnung, Vereinbarung des Zeitpunktes zum Losschlagen etc. gelang es ihr, die Männer von sechs Stämmen zu einer Koalition und zu einem bewaffneten Kampf gegen die zentralistisch organisierten kanaanäischen Machthaber zu motivieren.

Die sich durch kanaanäische Überfälle oder Unterdrückung von Handel zwischen den Stämmen verschlechternde soziale Lage, die offensichtlich zu einer Hungersnot zu führen drohte (oder zu wirtschaftlicher Abhängigkeit von den Kanaanäern: meint evtl. »Torbrot«, daß sich die Israeliten das Brot an den Toren der Städte kaufen mußten?), war der akute Anlaß. Die antiherrschaftliche Grundeinstellung und ein ausgeprägtes Gleichheitsbewußtsein, das eine segmentäre Gesellschaft charakterisiert, waren die sozialpsychologischen Bedingungen für die Bereitschaft zum Kampf, an dem die Organisation des Widerstandes ansetzen konnte. Das Kampfbündnis der Stämme verfolgte demnach das Ziel, einen ungestörten Warenaustausch und ein von räuberischer Bedrohung freies wirtschaftliches/agrarisches Leben wiederherzustellen und die durch die Akephalie ermöglichte Freiheit der einzelnen Stämme zu wahren. Die Stämme, die sich nicht am Kampf beteiligten, waren entweder ökonomisch unabhängiger (das scheint vor allem für die am Meer liegenden, evtl. Warenaustausch mit seefahrenden Gruppen treibenden Stämme in Frage zu kommen, evtl. auch für die im Ostjordanland siedelnden Gruppen, die nicht direkt bedroht waren) oder sie widersetzten sich – aus antiherrschaftlichem Affekt heraus – der für den Kriegszug nötigen Unterordnung unter die temporäre Zentralinstanz des Heerführers bei den ihnen verwandten Stämmen.

Der Kampf selbst wird äußerst knapp geschildert. Offensichtlich beteiligt sich auf der Gegenseite eine Koalition von mehreren Herrschern am Krieg. Das steht im Gegensatz zu Ri 4, wo allein der Stadtkönig der Stadt Hazor Krieg führt. Wieder wird in mythologischer Sprache das Ereignis als kosmischer Kampf dargestellt: die Sterne des Himmels kämpften auf Seiten der Israeliten, ergriffen ihre Partei. Ob man V. 21 so verstehen darf, daß der Kischonbach aufgrund eines Sturzregens (vgl. V. 4) über die Ufer trat, den Boden sumpfig machte und so die Überlegenheit der Streitwagenbewaffnung zunichte wurde, so daß die schlecht bewaffneten Israeliten einen Vorteil erhielten, mag vielleicht richtig sein, es klingt gut materialistisch oder rationalistisch. Es kann hier allerdings – und dies scheint mir wahrscheinlicher – auch der Spott sprechen: ein kleiner Bach schwemmt die mächtigen Gegner weg. Denn Spott klingt in V. 22 mit: Das Wort 'abbîrîm meint »stark, gewaltig«

und kann sowohl die Hengste der wild fliehenden Streitwagen als auch die auf ihnen stehenden Offiziere meinen[34].

V. 23 verflucht die Bewohner einer bisher nicht identifizierten Stadt; dies sprengt das bisherige Bild, daß ausschließlich *Stämme* am Kampf teilnahmen. *Alt* hat vermutet, daß es sich um »einen in den Verband von Manasse aufgenommenen Ort«[35] mit Gefolgschaftspflicht gehandelt hat. Wichtiger als die Klärung dieser Frage scheint mir das Selbstverständnis, das aus 23b spricht: die Teilnahme am Kampf wird als aktive Hilfe für Jahwe verstanden. Wenn irgendwo ein Synergismus im Alten Testament in reinster Form zum Ausdruck kommt, dann hier! Der Gottheit muß geholfen werden! Weder wird ein Handeln ausschließlich von der Gottheit erwartet (wie es quietistische Bewegungen tun), noch wird von der Hilfe der Gottheit für die Kämpfenden gesprochen, sondern von der Unterstützung der Gottheit durch die Kämpfenden. Der Gott allein vermag nicht zu siegen, es ist nötig, daß jeder, der kann, ihm bei seinem Kampf hilft. Von der Gottheit geht die Initiative aus – ich verstehe das so, daß Debora als Prophetin Gottesworte der Gattung »Aufforderung zum Kampf« gesprochen hat, – aber dies erfordert als Reaktion eine aktive Mithilfe des Menschen. Hier spricht ein unbefangenes Selbstbewußtsein menschlicher Aktivität: nicht Objekt, sondern Subjekt des politischen und geschichtlichen Geschehens zu sein. Dies spricht m. E. für das hohe Alter des Liedes, denn in späterer Zeit läßt sich eine deutliche Tendenz erkennen, die Alleinaktivität Jahwes zu betonen[36].

Der nächste Teil des Liedes ist besser überliefert. Die Sprache ist konkret. Wieder steht eine Frau im Mittelpunkt, Ja'el, herausgehoben vor allen anderen, weil sie es geschafft hat, im richtigen Moment den richtigen Mord zu begehen, einen Mord, der Befreiung bedeutet (und Ende eines Krieges). Trotz der Klarheit der Darstellung des Geschehens muß man auf Nuancen hören. Die hebräischen Begriffe in V. 27, kr' und npl (»in die Knie brechen, niederfallen«), bezeichnen auch eine Demutsgebärde vor einem Mächtigen[37]. Man fällt vor ihm auf die Knie, wirft sich nieder, unterwirft sich damit. Hinter der konkreten Bedeutung, daß Sisera mit zertrümmertem Schädel hinfällt, schimmert also auch dies durch: hier wird ein Mann gedemütigt, er fällt nieder vor einer Frau, wie vor

Debora 55

einem Machthaber. Der Mann unterwirft sich der Frau, die Frau triumphiert über den Gedemütigten. Die Rollen sind – endlich einmal! – vertauscht. Eine Frau demütigt einen Mann in extremster Form. Die Frauen, denen Debora das Lied sang, werden diesen Hintergrund sofort verstanden haben. Nicht nur der Triumph über einen alle bedrohenden Feind, sondern der Triumph über die Niederlage eines Mannes durch eine Frau, das Selbstbewußtsein über die Möglichkeit, Männerbedrohung und Männerherrschaft durchbrechen zu können, einmal durchbrochen zu haben, schwingt für mich unüberhörbar mit. Ob mit dem Ausdruck »zwischen den Füßen« auch eine sexuelle Anspielung mitgehört worden ist, mag offenbleiben; ich halte es durchaus für möglich, ist uns doch die Assoziationsbreite einer geschilderten Geste meist unbekannt.

Das Lied endet mit bissigem Spott. Er wird dadurch erhöht, daß den Frauen, die der besorgten Mutter Siseras antworten, ein Siegeslied in den Mund gelegt wird, wie sie es zur Begrüßung der aus dem Kampf kommenden Männer zu singen pflegten. Dadurch wird ein Kontrast erzeugt, makaber, aber gerade darum realistisch. Das Beuteteilen hält die Männer auf. Das wichtigste an der Beute sind für die Männer die erbeuteten Frauen. Das rangiert an erster Stelle. Der hebräische Text verwendet hier das Wort für Mutterschoß. Daß die Männer sich Sexualobjekte erbeuten, ist für sie das wichtigste im Kampf, die zu Hause gebliebenen Frauen werden mit ein paar Kleidungsstücken, bunten Tüchern abgespeist. Selbst dieses Siegeslied enthält also noch spöttisch geäußerte Kritik am sexistischen Verhalten der Männer. Ob die Männer diesen Spott überhaupt verstanden haben, war es doch für sie ein selbstverständliches Recht? Versteht man allerdings das Lied konsequent als Lied einer Frau für Frauen, ist diese Interpretation sicher nicht überzogen. Sie wirft ein weiteres Licht auf die Rolle der Debora: sie kämpft nicht nur für den Widerstand gegen Unterdrückung, sie kämpft auch für die Frauen. Das Lied scheint mit das Dokument des Versuches, das Selbstbewußtsein der Frauen in ihrer Zeit zu stärken. Zu stärken durch die jubelnde Darstellung einer Tat einer Frau. Zu stärken durch spöttische Kritik. Dabei stellt sie ihre eigene Rolle auffallend bescheiden dar: »Auf, Debora, sing ein Lied«, um den Akt des Widerstandes einer anderen Frau umso höher zu bewerten. »Gesegnet vor den Frauen sei Jael . . .« d. h. doch wohl, daß die anderen Frauen noch weit davon entfernt sind, sich so aktiv gegen die Herrschaft zu wehren, wie Jaʿel es tat. Eine Frau besingt die Tat einer anderen Frau als Heldentat, die selbst genug an Heldentum bewiesen hat: Am Anfang und am Ende des Geschehens steht das Tun einer Frau! Organisation des Widerstandes die Tat der einen, aktiver Widerstand die Tat der anderen. Darauf liegt der Nachdruck: Debora lenkt von sich und ihrem Tun weg auf die Tat einer anderen: nicht ich bin Vorbild, Jaʿel hat noch aktiver gekämpft. Ist dies pädagogisch bewußt geschehen, um anderen Frauen Mut zu machen, ohne sie auf sich zu fixieren? ». . . in den Tagen Jaels . . .« nennt sie die Epoche. Keine Überbewertung der eigenen Rolle, aber doch auch berechtigter Stolz: ». . . bis ich aufstand, eine Mutter in Israel«. Als Lied der Debora ist es das Lied der Jaʿel[38].

Anmerkungen

* Dieser Vortrag wurde am 12.10.1979 auf einer Tagung des Evangelischen Bildungswerks Berlin im Haus der Kirche gehalten.
1 F. Crüsemann, ». . . er aber soll dein Herr sein« (Gen 3,16). Die Frau in der patriarchalischen Welt des Alten Testaments, in: ders. – H. Thyen, Als Mann und Frau geschaffen. Exegetische Studien zur Rolle der Frau (Kennzeichen 2), Gelnhausen-Berlin-Stein 1978, 76.
2 T. Veerkamp, Wie sich ein Bündnis bewährte, in: D. Sölle – K. Schmidt (Hg.), Christentum und Sozialismus. Vom Dialog zum Bündnis (UT 609), Stuttgart-Berlin-Köln-Mainz 1974, 62-74.
3 AaO. 65.
4 W. Gesenius, Hebräisches und aramäisches Handwörterbuch über das Alte Testament, Berlin-Göttingen-Heidelberg [17]1962, 658. Dagegen hatte sich schon E. Sellin scharf gewandt: Das Deboralied, Festschrift O. Procksch, Leipzig 1934, 152ff.
5 M. S. Seale, Deborah's Ode and the Ancient Arabian Qasida, JBL 81 (1962) 343-347.
6 P. C. Craigie, Some Further Notes on the Song of Deborah, VT 22 (1972) 350-353.
7 So P. C. Craigie, A note on Judges V 2, VT 18 (1968) 397-399.
8 So E. Lipinski, Juges 5, 4-5 et Psaume 68, 8-11, Bibl 48 (1967) 185-206.
9 W. F. Albright, The Song of Deborah in the Light of Archaeology, BASOR 62 (1936) 26-31.
10 So P. C. Craigie, Some Further Notes on the Song of Deborah, VT 22 (1972) 350-353.
11 So M. S. Seale, JBL 81 (1962) 345.

12 P. C. Craigie, VT 22 (1972) 351, übersetzt »Kämpfer«. C. F. Keil, Josua, Richter und Ruth, CAT 2,1 (1874), denkt an das offene Land; E. Sellin, Das Deboralied, in: Festschrift O. Procksch (1934), 149-166, lehnt die Bedeutung »Bauern« scharf ab und plädiert für »Führerschaft«.
13 So E. Täubler, Biblische Studien, Die Epoche der Richter (hg. v. Zobel), Tübingen 1958, 142ff.
14 So M. S. Seale, JBL 81 (1962) 346.
15 So E. Täubler, aaO.
16 So M. Tsevat, Some biblical Notes, HUCA 24 (1952/3) 107-114.
17 O. Eißfeldt, Gabelhürden im Ostjordanland, in: ders., Kleine Schriften III, Tübingen 1966, 61-66; ders. Noch einmal: Gabelhürden im Ostjordanland, in: ders., Kleine Schriften III, Tübingen 1966, 67–70.
18 P. C. Craigie, Three Ugaritic Notes on the Song of Deborah, JSOT 2 (1977) 33-49.
19 Z. Weisman, śrwtjh (Jud. V 29), VT 26 (1976) 116-120.
20 P. C. Craigie, A note on judges V 2, VT 18 (1968) 397-399; ders., The Song of Deborah and the Epic of Tukulti-Ninurta, JBL 88 (1969) 253-265.
21 Crüsemann, aaO. 81.
22 P. C. Craigie, A Reconsideration of Shamgar ben Anath (Judg 3:31 and 5:6), JBL 91 (1972) 239-240.
23 Morris S. Seale, Deborah's Ode and the Ancient Arabian Qasida, JBL 81 (1962) 343-347.
24 R. Hentschke, Satzung und Setzender (1963), denkt an die Sippenältesten, die das Geschlechtsregister führen.
25 śjḥ meint »ursprünglich das laute, enthusiastische bzw. emotionsgeladene Reden«, wie es das Gotteslob, die Klage, der Spott und die im Eifer oder Zorn vorgetragene weisheitliche Unterweisung kannten. Zu diesem Ergebnis kommt H. P. Müller, Die hebräische Wurzel śjḥ, VT 19 (1969) 361-371
26 O. Eißfeldt, Gabelhürden im Ostjordanland; in: ders., Kleine Schriften III (1966), 61-66 und ders., Noch einmal: Gabelhürden im Ostjordanland, ebd. 67-70.
27 C. Sigrist, Regulierte Anarchie. Untersuchungen zum Fehlen und zur Entstehung politischer Herrschaft in segmentären Gesellschaften Afrikas, Olten-Freiburg 1967.
28 AaO. 30.
29 Ebd.
30 AaO. 95.
31 E. W. Müller, Die Anwendung der Murdock'schen Terminologie auf Feldergebnisse (Ekonda, Bel.-Kongo): Mitteilungen der Anthropologischen Gesellschaft in Wien (1959) 113.
32 C. Sigrist, aaO. 164f.
33 Die Bezeichnung Deboras als Richterin (Ri 4,4b-5) ist sekundäres Interpretament. Zur Begründung s. K.-D. Schunck, Die Richter Israels und ihr Amt, VT Suppl. 15 (1966) 252-262; vgl. M. Noth, Das Amt des ›Richters Israels‹ (1950) in: ders., Gesammelte Studien zum Alten Testament II (ThB 39), München 1969, 71-85.

34 P. C. Craigie, aaO. (Anm. 6) 353.
35 A. Alt, Meros, in: ders., Kleine Schriften zur Geschichte des Volkes Israel I, München 1953, 274-277.
36 Diese These wird ausführlich begründet in J. Kegler, Politisches Geschehen und theologisches Verstehen. Zum Geschichtsverständnis in der frühen israelitischen Königszeit (CTM A 8), Stuttgart 1977.
37 A. Globe, Judges V 27, VT 25 (1975) 362-367.
38 Aus der Fülle der Literatur, die bei den Vorarbeiten berücksichtigt wurde, jedoch nicht im einzelnen erörtert werden kann, sei für den exegetisch Interessierten auf das Wichtigste hingewiesen:
Kommentare:
W. Nowack, Richter, Ruth und Bücher Samuelis (HK I/4), Göttingen 1902;
G. F. Moore, Judges (ICC), Edinburgh ²1908;
H. W. Hertzberg, Die Bücher Josua, Richter, Ruth (ATD 9), Göttingen (1953) ²1959;
J. Gray, Joshua, Judges and Ruth (New Century Bible), London 1967.
Arbeiten zu Einzelfragen:
V. Zapletal, Das Deboralied, Freiburg 1905;
G. A. Smith, The Early Poetry of Israel, Schweich Lectures 1910, London 1912;
W. F. Albright, The Earliest Forms of Hebrew Verse, JPOS 2 (1922), 68-86;
V. Zapletal, Das Buch der Richter, 1923;
J. J. Slotki, The Song of Deborah, JTS 33 (1932) 341-354;
A. Fernandez, La Oda triunfal de Debora, Estudios Ecclesiasticos 15 (1936), 5-46;
O. Grether, Das Deboralied, 1941;
G. Gerlemann, The Song of Deborah in the Light of Stylistics, VT 1 (1951) 168-180;
P. R. Ackroyd, The Composition of the Song of Deborah, VT 2, (1952) 160-162;
J. Muilenburg, A Study in Hebrew Rhetoric: Repetition and Style, VT Suppl. 1 (1953) 97-111;
C. Rabin, Judges 5,2 and the ›Ideology‹ of Deborah's War, JJS 6 (1955) 125-134;
A. Weiser, Das Deboralied: Eine gattungs- und traditionsgeschichtliche Studie, ZAW 71 (1959) 67-97;
O. Kaiser, Stammesgeschichtliche Hintergründe der Josephgeschichte. Erwägungen zur Vor- und Frühgeschichte Israels, VT 10 (1960) 1-15;
J. Blenkinsopp, Ballad Style and Psalm Style in the Song of Deborah, Bibl 42 (1961) 61-76;
J. Schreiner, Textformen und Urtext des Deboraliedes in der Septuaginta, Bibl 42 (1961) 173-200;
J. Schreiner, Zum B-Text des griechischen Canticum Deborae, Bibl 42 (1961) 333-358;
R. Tournay, Quelques relectures bibliques antisamaritaines, RB 71 (1964) 507-536;
G. R. Driver, Problems on Judges newly discussed, The Annual of Leeds University Oriental Society IV (1962-63) 10ff;
H. P. Müller, Der Aufbau des Deboraliedes, VT 16 (1966) 446-459;
A. D. Crown, Judges V 15b-16, VT 17 (1967) 240-242;

C. Rietzschel, Zu Jdc 5,8, ZAW 81 (1969) 236-237;

A. D. H. Mayes, The Historical Context of the Battle against Sisera, VT 19 (1969) 353-360;

B. Lindars, Some Septuagint Readings in Judges, JTS 22 (1971) 1-14;

C. Rietzschel, Zu Jdc 5, 14b-15a, ZAW 83 (1971) 211-225;

B. Grossfeld, A critical note on Judg 4,21, ZAW 85 (1973) 348-351;

H. Cazelles, Deborah (Jud V 14), Amaleg et Mâkîr, VT 24 (1974) 235-238;

A. Globe, The Text and Literary Structure of Judges 5, 4-5, Bibl 55 (1974) 168-178;

A. Globe, The Literary Structure and Unity of the Song of Deborah, JBL 93 (1974) 493-512;

A. Globe, The Muster of the Tribes in Judges 5, 11e-18, ZAW 87 (1975) 169-184;

M. Rose, »Siebzig Könige« aus Ephraim (Jdc V 14), VT 26 (1976) 447-452.

Elisabeth Schüssler-Fiorenza

Der Beitrag der Frau zur urchristlichen Bewegung

Kritische Überlegungen zur Rekonstruktion urchristlicher Geschichte*

Laien haben oft den Eindruck, daß der Verlauf der urchristlichen Geschichte nicht problematisch ist: Die Apostelgeschichte berichtet, »wie es wirklich gewesen ist«. Exegeten wissen dagegen nur allzu gut, daß dem nicht so ist. Die Möglichkeit einer vorurteilslosen Auswertung der Quellen, das Programm einer objektiven Geschichtsschreibung, das Verhältnis von Orthodoxie und Häresie, die Kontroverse um Charisma und Amt, die Auseinandersetzung um Paulinismus und Frühkatholizismus, die Definition von Sekte und Großkirche, die Abgrenzung von Urchristentum und früher Kirche, die Spannung zwischen katholischem und protestantischem Geschichtsbild, die Frage nach praktisch-kirchlichen Zwecken einer Rekonstruktion des Urchristentums, – all diese Probleme und Fragen werden in der wissenschaftlichen Forschung diskutiert und von verschiedenen Exegeten anders gelöst[1].
Die Frage nach dem Beitrag der Frau zur Geschichte des Urchristentums impliziert und intensiviert alle diese Fragen und formuliert sie in einer neuen Perspektive[2]. Deshalb sollte man meinen, daß die Frage von großem Interesse für die Geschichtsschreiber des Urchristentums ist. Das Gegenteil scheint jedoch der Fall zu sein. Allein das Wort »Frau« im Titel einer Untersuchung macht diese für viele Exegeten und Theologen unwissenschaftlich und uninteressant[3]. Als Frauenfrage gehört das Thema auf Frauentagungen und in Frauenzeitschriften, aber nicht auf das Programm eines exegetisch-wissenschaftlichen Symposiums oder in eine wissenschaftliche Festschrift.
Man begründet diese Haltung gewöhnlich damit, daß ein solches Thema ideologisch verdächtig ist und nicht von einer wissenschaftlich-historischen Fragestellung ausgeht, da es von der gegenwärtigen Frauenbewegung angeregt und daher von gesellschaftlich-

kirchlichen modernen Interessen inspiriert ist. Ein solcher Einwand übersieht jedoch, daß alle Beschäftigung mit der urchristlichen Geschichte von Gegenwartsfragen und Interessen bestimmt ist. Insofern die Bibel nicht nur ein Dokument antiker Historie ist, sondern als Heilige Schrift Autorität und Geltung in der heutigen Kirche beansprucht, sind biblisch-historische Untersuchungen immer schon von ekklesialen und gesellschaftlichen Interessen bestimmt. Diesen Gegenwartsbezug urchristlicher Forschung hat m. E. Josef Blank zu Recht betont: »Das Interesse an Legitimation, aber auch an Kritik und Reform des bestehenden, gegenwärtigen Christentums in all seinen Formen und Ausprägungen ist wahrscheinlich ein ganz wesentliches, wahrscheinlich sogar das grundlegende Motiv für die Beschäftigung mit der Geschichte des Urchristentums«[4]. Der Einwand, daß die Frage nach dem Beitrag der Frau zur urchristlichen Bewegung zu sehr von gesellschaftlichen und kirchenpolitischen Interessen bestimmt und daher unwissenschaftlich ist, trifft jegliche Beschäftigung mit der Geschichte des Urchristentums, die vom Interesse an der eigenen Identität und Kontinuität mit der Urkirche geleitet ist.

Doch stellt nicht nur biblische Interpretation und christliche Geschichtsschreibung, sondern geschichtliche Rekonstruktion überhaupt eine selektive, auf die Gegenwart bezogene Betrachtung der Vergangenheit dar. Ihr Gesichtsfeld ist nicht nur durch die vorhandenen Quellen begrenzt, sondern auch durch die gesellschaftlichen Perspektiven der Gegenwart bedingt. Das Verstehen der Vergangenheit ist nie rein antiquarisch, sondern auf gegenwärtige Lebenspraxis bezogen. Die hermeneutische Diskussion hat deutlich gemacht, daß Historiker wie andere Wissenschaftler sich nicht von ihren existentiellen Voraussetzungen, ihren Ideologien und Verpflichtungen, sowie den gesellschaftlichen Zwängen und Interessen ganz frei machen können. Die Auswahl und Bestimmung dessen, was in der Vergangenheit wichtig war und deshalb heute studiert werden muß, sagt immer auch schon etwas über die persönlichen Voraussetzungen und den gesellschaftlichen Standort der Historiker aus[5]. Obwohl die hermeneutische Diskussion und die Wissenssoziologie aufgezeigt haben, daß jegliche Geschichtsschreibung von den existentiellen und gesellschaftlichen Voraussetzungen und Interessen derer bestimmt ist, die Geschichte schreiben, scheint dieser wissenschaftliche Konsens dann niederzubrechen, wenn man wissenschaftliche Geschichtsschreibung und Theologie als »männlich« in Frage stellt. Dies deutet darauf hin, daß das Problem nicht darin besteht, daß die meisten Wissenschaftler Männer sind, sondern darin, daß unser Verständnis von Wirklichkeit androzentrisch bestimmt ist.

Es genügt daher nicht, nur die existentiellen Voraussetzungen männlicher Exegeten und Wissenschaftler zu hinterfragen. Wichtiger ist es, die Interpretationsmodelle zu analysieren, mit deren Hilfe sie die Geschichte des Urchristentums rekonstruieren. Während deskriptive historische Studien die Funktion haben, urchristliche Daten und Informationen zu analysieren und zu exegesieren, arbeitet die konstruktive Geschichtsschreibung mit heuristischen und auslegenden Interpretationsmodellen[6], um ein Gesamtbild urchristlicher Entwicklung herzustellen. Solche Verstehensmodelle bringen diverse Informationen in einen ganzheitlichen Interpretationszusammenhang ein. Sie integrieren die vorhandenen Informationen in einen Verstehensprozeß, der es uns erlaubt, intellektuelle Zusammenhänge und praktische Verhaltensmuster in einer bestimmten Perspektive zu sehen. Ein Interpretationsmodell darf daher nicht nur danach beurteilt werden, ob es die verschiedenen Traditionen und Daten in ihrer Eigenbedeutung erfassen kann, sondern muß auch daraufhin befragt werden, ob es eine Schau der urchristlichen Wirklichkeit erarbeitet, die die emanzipatorische Lebenspraxis und Theologie des Urchristentums für die heutige Kirche und Gesellschaft freisetzen kann.

Wenn aber die Frage nach der Frau als geschichtlichem Subjekt auf wissenschaftlicher Ebene für die Rekonstruktion des Urchristentums fruchtbar gemacht werden soll, muß die androzentrische Bestimmtheit wissenschaftlich-historischer Interpretationsmodelle und westlicher Wissenschaft überhaupt als männlich thematisiert und ins Bewußtsein gerufen werden[7]. Diese Androzentrik von Wissenschaft demonstriert sich darin, daß niemand auf den Gedanken kommt, nach dem Mann als wissenschaftlichem und historischem Subjekt zu fragen. Daß nur der geschichtliche Beitrag der Frau und nicht auch der des Mannes problematisch ist, hat als unausgesprochene Voraussetzung, daß Menschsein und Mannsein, oder Christsein und Mannsein identisch sind. Wenn wir vom Men-

schen als wissenschaftlichem oder geschichtlichem Subjekt sprechen, meinen wir damit immer den Mann. Daß nur nach dem geschichtlichen Beitrag der Frau und nicht auch nach dem des Mannes gefragt wird, hat als Voraussetzung ein androzentrisches Wirklichkeits- und Geschichtsverständnis, in dem der »Mann die Frau nicht an sich sondern in Beziehung auf sich definiert; sie wird nicht als autonomes Wesen angesehen . . . Sie wird bestimmt und unterschieden mit Bezug auf den Mann, dieser aber nicht mit Bezug auf sie; sie ist das Unwesentliche angesichts des Wesentlichen. Er ist das Subjekt, er ist das Absolute; sie ist das Andere«[8].
Diese androzentrische Definition von Menschsein bestimmt nicht nur das Selbstverständnis und Wissenschaftsverständnis von Männern, sondern auch das von Frauen, die sich nicht als geschichtliche und wissenschaftliche Subjekte begreifen lernen[9]. In einem solchen unreflektiert androzentrischen Welt- und Wissenschaftsverständnis bleibt die Frau eine geschichtliche Randerscheinung. Dieses androzentrische Verständnis von Wirklichkeit und Wissenschaft hat die geschichtliche und gesellschaftliche Marginalität der Frau zur Folge. Unsere wissenschaftlichen und gesellschaftlichen Strukturen verstehen die Frau als das »andere« Geschlecht und machen sie zum Menschen zweiter Klasse. In diesem androzentrischen Wissenschaftsparadigma wird einzig die Rolle der Frau als ein gesellschaftliches, geschichtliches, philosophisches und theologisches Problem thematisiert, während der androzentrische Horizont der Wissenschaft und die androzentrisch-gesellschaftliche Bedingtheit von Geschichtsschreibung nicht kritisch hinterfragt werden.

I. Die androzentrische Interpretation des Urchristentums

Da die urchristlichen Quellen in diesem geschichtlichen Kontinuum androzentrischer Kultur und Wissenschaft stehen, erstaunt es nicht, daß sie die Frau als eine Randerscheinung urchristlicher Geschichte hinstellen. Jesus war ein Mann, die Apostel waren Männer, die urchristlichen Propheten, Lehrer, und Missionare waren Männer. Alle neutestamentlichen Schriften werden Männern zugeschrieben und die Theologie der frühen Kirche, die den Kanon bestimmte, wird Patristik, Vätertheologie genannt. Nicht nur gehören keine Frauen zu den leitenden Personen der Urkirche; es wird ihnen auch jede Leitungs- und Lehrfunktion kategorisch verboten. Daß aber ein solch ausdrückliches Verbot notwendig wird, provoziert die Frage, ob der urchristliche Quellenbefund die tatsächliche Rolle der Frau in der Urkirche tradiert, oder ob die urchristlichen Quellen die Marginalität der Frau herstellen[10]. Mit anderen Worten, war die urchristliche Wirklichkeit und Gemeinde ganz und gar patriarchal-androzentrisch bestimmt oder wird der patriarchale Charakter dieser Wirklichkeit durch die urchristliche und moderne Geschichtsschreibung hergestellt? Läßt sich ein emanzipatorisches Urgestein des Urchristentums hinter der androzentrischen Rekonstruktion urchristlicher Geschichte auffinden, oder ist die Frage nach den emanzipatorischen Impulsen christlichen Glaubens illegitim? Diese Frage ist umso drängender, da Historiker darauf hinweisen, daß die »feministische« Frage in der antiken Welt bekannt und heftig umstritten war[11].

1. Androzentrische Auslegung der Quellen

Daß die wissenschaftliche Rekonstruktion der urchristlichen Geschichte das androzentrische Geschichtsverständnis abendländischer Kultur unbefragt voraussetzt und die Geschichte der Kirche als die des Mannes versteht, wird dann deutlich, wenn man die exegetischen Interpretationen von Texten analysiert, die positiv von urchristlichen Frauen sprechen. Hinzu kommt, daß das Legitimationsinteresse der gegenwärtig männlich-hierarchisch bestimmten Kirchen der unreflektierte Verstehenshorizont der Studien über die Frau in der Urkirche ist.

Die Darstellungen des Urchristentums gehen im allgemeinen davon aus, daß nur Männer und nicht auch Frauen missionarische Initiativen und zentrale Leitungsfunktionen in der Urkirche entwickelten. Solche Texte, die nicht mit dieser androzentrischen Perspektive übereinstimmen, müssen daher uminterpretiert werden. Dies geschieht auf vielerlei Weise. Fast alle modernen Interpretationen nehmen z. B. an, daß Röm 16,7 von zwei führenden Männern

Der Beitrag der Frau zur urchristlichen Bewegung 65

spricht, die schon vor Paulus Christen waren und als Apostel in großem Ansehen standen. Doch liegt kein Grund vor, Junias als eine Kurzform des Männernamens Junianus anzusehen, da Junia damals ein bekannter Frauenname war und patristische Exegese ihn weithin als solchen verstanden hat[12]. Andronikus und Junia waren daher wohl ein bekanntes missionarisches Team, das im Ansehen von Aposteln stand.

Ein anderes Beispiel solch androzentrischer Interpretation findet man in der Person Phoebes, die in Röm 16,1-3 *diakonos* der Kirche in Kenchreae und *prostatis* genannt wird. Die Exegeten suchen die Bedeutung beider Titel abzuschwächen, da sie sich auf eine Frau beziehen. Wenn nämlich Paulus sich selbst, Apollos, Timotheus oder Tychikus als diakonos bezeichnet, übersetzt man es gewöhnlich mit Diakon, während es hier oft mit Dienerin, Helferin oder Diakonisse wiedergegeben wird. Während z. B. Kürzinger in Phil 1,1 den Titel mit Diakon übersetzt, umschreibt er ihn hier mit »sie steht im Dienst der Gemeinde« und charakterisiert in einer Anmerkung Phoebe als »eine der ersten Gemeindehelferinnen«[13]. Lietzmann charakterisiert den Dienst der Phoebe in Analogie zum späteren Diakonissenamt, das im Vergleich zu dem des Diakons nur sehr beschränkte Funktionen in der Kirche hatte. Er versteht Phoebe als eine »offenbar wohlhabende und wohltätige Dame«, die auf Grund ihrer weiblichen Fähigkeiten in der Armen- und Krankenpflege wirkte und bei der Taufe von Frauen assistierte[14]. Schon Origines macht Phoebe zu einer Assistentin und Dienerin des Paulus und folgert daraus, daß Frauen, die gute Werke tun, zu Diakonissen ernannt werden können[15].

Doch scheint eine solche weibliche Stereotypisierung nicht im Text fundiert zu sein. Wie aus 1 Kor 3,5. 9 hervorgeht, gebraucht Paulus *diakonos* parallel zu *synergos* und charakterisiert damit sich und Apollos als ebenbürtige Missionare[16], die in verschiedener Weise zum Aufbau der Gemeinde beigetragen haben. Wenn Phoebe als *diakonos* der Gemeinde zu Kenchreae bezeichnet wird, erhält sie diesen Titel, weil ihr Dienst und Amt für die Gemeinde bestimmend waren. Daß Phoebe große Autorität innerhalb des paulinischen Missionsgebietes besaß, wird durch den zweiten Titel *prostatis/patrona* unterstrichen. In ähnlicher Weise werden in 1 Thess 5,12 und Röm 12,8 leitende Personen als ***prohistamenoi*** bezeichnet.

Wenn Paulus aber Phoebe im technischen Sinne als *patrona* charakterisiert, kennzeichnet er sie in Analogie zu jenen Personen, die in den hellenistisch-religiösen Genossenschaften den Vorsitz hatten und deren Vertreter, Beschützer und Leiter waren[17]. Schon G. Heinrici hatte darauf aufmerksam gemacht, daß in der Antike religiöse Genossenschaften und Verbände ihren Rechtsschutz und sozial-politischen Einfluß dem Patronat angesehener und reicher Bürger verdankten[18]. Trotzdem besteht E. A. Judge darauf, das Patronat der Frau in der Urkirche in androzentrischer Manier zu interpretieren: »The status of women who patronized St. Paul would particularly repay attention. They are clearly persons of some independence and eminence in their own circles, used to entertaining and running their salons, if that is what Paul's meetings were, as they saw best«[19]. Diese Mißdeutung des Patronats reduziert die einflußreiche Rolle der Frau in der urchristlichen Bewegung zu der von Hausdamen, denen es nach Paulus' Vorträgen erlaubt war, Kaffee servieren zu lassen.

Da Exegeten des Neuen Testaments unreflektiert voraussetzen, daß die Leitung der urchristlichen Mission in den Händen von Männern lag, nehmen sie an, daß die in paulinischen Briefen genannten Frauen die Gehilfinnen und Assistentinnen der Apostel, besonders des Paulus, waren. Das unkritisch vorausgesetzte androzentrische Denkmodell hat keinen Platz für die Alternative, daß Frauen als Missionare, Apostel oder Gemeindeleiterinnen unabhängig von Paulus und auf einer Ebene mit ihm gewirkt haben könnten[20]. Stellen wie Röm 16,1-3 und 16,7 legen jedoch nahe, daß diese Frauen ihre Stellung in der urchristlichen Bewegung nicht dem Paulus verdanken, und daß Paulus wahrscheinlich gar keine andere Wahl hatte, als mit diesen Frauen zusammenzuarbeiten und ihre Autorität in den Gemeinden anzuerkennen.

Es muß weiterhin gefragt werden, ob es berechtigt ist, alle grammatikalisch als männlich bestimmten Begriffe auf Männer einzuschränken. Es ist interessant zu beobachten, daß die androzentrische Exegese grammatisch maskulin bestimmte Begriffe in doppelter Weise interpretieren kann, als generisch und als geschlechtsspezifisch[21]. Meistens nimmt man an, daß Begriffe wie z. B. Heilige, Erwählte, Brüder, Söhne nicht nur Männer sondern auch Frauen als Mitglieder der Gemeinde bezeichnen. Obwohl diese Begriffe grammatisch maskulin sind, werden sie als inklusiv von Frauen verstanden, da man die Mitgliedschaft und theologisch-ethischen Ermahnungen nicht auf Männer beschränken will. Wenn jedoch maskulin bestimmte Begriffe vorkommen wie z. B. Propheten, Lehrer, Diakone, Mitarbeiter in der Mission, Apostel oder Bischöfe, die nicht von einer bestimmten Person ausgesagt werden, sich aber auf die Leitungs»ämter« in der Gemeinde beziehen, nehmen Exegeten stillschweigend an, daß nur Männer urkirchliche Leitungspositionen innehatten. Eine solche androzentrische Perspektive hat kein theoretisch heuristisches Interpretationsmodell, das die Stellung und den Einfluß von Frauen wie Phoebe, Priska[22] oder Junia adäquat erfassen und in sein Geschichtsbild des Urchristentums integrieren könnte. Eine solche androzentrische Rekonstruktion der urchristlichen Geschichte kann daher leicht dazu mißbraucht werden, die androzentrisch-patriarchalische Praxis der heutigen Amtskirche ideologisch zu legitimieren[23].

2. Androzentrische Redaktion der neutestamentlichen Quellen

Man könnte gegen eine solche Analyse einwenden, daß die androzentrische Interpretation des Urchristentums durch die Quellenlage bedingt und gerechtfertigt ist, da unsere Quellen die Frau und ihre Rolle in der Urkirche nur selten oder nur polemisch zur Sprache bringen. Die geschichtliche Marginalität der Frau wird nicht erst von der heutigen Exegese hergestellt, sondern ist dadurch bedingt, daß die Frau in der urchristlichen Männerkirche und im Gefolge Jesu von Anfang an nur eine Randerscheinung war. Die christliche Marginalität der Frau hat ihre Wurzeln in den patriarchalen Anfängen der Kirche und in der Androzentrik christlicher Offenbarung.

Eine solche theologische Schlußfolgerung setzt jedoch voraus, daß die urchristlichen Schriften objektive Tatsachenberichte der urchristlichen Entwicklung sind. Die Spärlichkeit der Quellen reflektiert sachgerecht die tatsächliche Wirkungsgeschichte der Frau in der Urkirche. Eine solche Schlußfolgerung vernachlässigt allerdings die methodischen Einsichten von Quellen-, Form- und Redaktionsgeschichte, die herausgearbeitet haben, daß die urchristlichen Schriften keineswegs objektive Tatsachenberichte, sondern pastoral-engagierte Schriften sind. Die urchristlichen Autoren haben ihre Traditionen, Quellen und Materialien im Hinblick auf ihre theologischen Intentionen und praktischen Zwecke ausgewählt, redigiert und neu formuliert. Keine der urchristlichen Schriften und Traditionsstränge ist »tendenzfrei«. Alle urchristlichen Schriften, auch die Evangelien und die Apostelgeschichte, wollen zu aktuellen Problemsituationen der Urkirche sprechen und sie theologisch erhellen. Wir können daher annehmen, daß diese Einsicht auch auf die Überlieferungen und Quellen für die Rolle der Frau im Urchristentum zutrifft. Da die urchristlichen Autoren und Tradenten in einer patriarchalen Welt leben und an ihren Denkmodellen partizipieren, können wir vermuten, daß die Spärlichkeit der Quellen auf der androzentrischen Rezeption und Tradition der urchristlichen Autoren beruht. Dies trifft besonders auch für die Evangelien und die Apostelgeschichte zu, da diese erst gegen Ende des ersten Jh. verfaßt worden sind. Wir können daher annehmen, daß uns viele Traditionen und Informationen über den Beitrag der Frau im Urchristentum verloren gegangen sind, da der androzentrische Selektions- und Redaktionsprozeß diese entweder als nicht wichtig oder als bedrohlich angesehen hat.

2.1 Die Widersprüche in den urchristlichen Quellen deuten auf einen solchen androzentrischen Redaktionsprozeß hin, der Informationen, die nicht ausgelassen werden konnten, zu qualifizieren sucht[24]. Wohl waren Frauen Jüngerinnen Jesu und Zeuginnen seiner Auferstehung, doch gehört keine einzige Frau zum Zwölferkreis. Wohl hat Jesus Frauen geheilt und mit ihnen gesprochen, doch wird in keinem der Evangelien die Berufung einer Frau ausführlich erzählt. Wohl reflektiert die Bildwelt der Gleichnisse Jesu auch die Lebenswelt der Frau, doch ist die Sprache Jesu ganz und gar männlich bestimmt. Wohl wissen die Evangelien darum, daß die Frauen das leere Grab entdeckten, doch sind die wahren Osterzeugen anscheinend Männer.

Die Apostelgeschichte zählt Frauen, besonders reiche Frauen, die ihre Häuser und ihr Vermögen in den Dienst der urchristlichen Mission stellten, zu den Mitgliedern und Wohltäterinnen der Gemeinde. Doch wird nach dem Gechichtsbild des Lukas die urchristliche Mission ganz und gar von Männern getragen und geleitet. Wohl finden sich kurze Hinweise auf fromme Witwen und Prophetinnen in der Gemeinde, doch erfahren wir nicht, was ihre eigentlichen Funktionen waren. Das Geschichtsbild des Lukas ist harmonisierend und weiß von keinem »Frauenproblem« in der Urkirche.

Dieses Problem wird jedoch artikuliert, wenn man nach dem Verständnis der Frau in der paulinischen Schule fragt[25]. Die paulinischen Stellen, die direkt von der Frau sprechen, haben trotz ungezählter exegetischer Lösungsversuche keine eindeutige Auslegung erhalten. Exegeten sind immer noch in der Frage geteilt, ob der Einfluß des Paulus auf die Stellung der Frau im Urchristentum positiv war oder nicht. Diese Unsicherheit der Auslegung ist durch die Texte bedingt. Wohl setzt Paulus in 1 Kor 11,2-16 voraus, daß Frauen in der Gemeinde prophetisch reden, doch verlangt er, daß sie sich dabei der herrschenden Sitte anpassen. Es ist dabei nicht klar, was die eigentliche Streitfrage zwischen Paulus und den Korinthern ist und wie die einzelnen »Beweise«, die Paulus für seinen Standpunkt anführt, zu verstehen sind. Dagegen ist der negative Impakt der Forderung von 1 Kor 14,33-36 eindeutig, doch sind sich Exegeten nicht einig, ob das berühmte »mulier taceat in ecclesia« eine spätere Interpolation darstellt, da es 1 Kor 11,2-16 zu widersprechen scheint.

Wohl verkündet Paulus in Gal 3,28, daß in Jesus Christus die Unterschiede zwischen Juden und Griechen, Freien und Sklaven, Männern und Frauen aufgehoben sind, doch wiederholt er nicht mehr in 1 Kor 12,13, daß im Leibe Christi Mann und Frau ebenbürtig sind. Deshalb besteht kein exegetischer Konsens darüber, ob Gal 3,28 wie 1 Kor 12,13 sich auf das Gemeindeleben bezieht oder ob Paulus an die eschatologische Zukunft oder die Gleichheit aller Seelen denkt. Zwar erwähnen die paulinischen Grußlisten Frauen als führende Missionare und angesehene Vorsteherinnen von Kirchen, doch ist es nicht klar, wieweit sie ihre Führungsstellen der paulinischen Unterstützung verdanken. Gewiß schätzt Paulus Frauen als Mitarbeiterinnen und drückt seine Dankbarkeit ihnen gegenüber aus, doch hatte er wahrscheinlich gar keine andere Wahl, da diese Frauen schon vor ihm und auf einer Ebene mit ihm führenden Einfluß in der missionarischen Bewegung hatten.

Daß die Quellen bezüglich der Rolle der Frau im Urchristentum widersprüchlich und keineswegs eindeutig sind, zeigt sich auch, wenn man die Informationen verschiedener Schriften miteinander vergleicht. Die Paulusbriefe deuten an, daß Frauen Apostel, Missionare, Patrone, Mitarbeiter und Leiter von Gemeinden und Prophetinnen waren. Lukas erwähnt zwar Frauen als Prophetinnen und erzählt die Bekehrung reicher Frauen, doch schildert er keinen einzigen Fall, wo eine Frau als Missionarin oder Vorsteherin einer Hauskirche gewirkt hätte. Zwar scheint er davon zu wissen, wie seine Hinweise auf Priska und Lydia andeuten, doch beeinflußt dieses Wissen nicht seine Darstellung der urchristlichen Entwicklung. Während alle Evangelien berichten, daß Maria Magdalena die erste Osterzeugin war, nennt die vor-paulinische Tradition von 1 Kor 15,3-5 keine einzige Frau unter den Auferstehungszeugen. Das vierte Evangelium und seine Tradition schreibt einer Frau eine bedeutende Rolle in der Missionierung Samarias zu, während die Apostelgeschichte Philippus zum ersten Missionar dieser Gegend macht. Während Markus davon spricht, daß Frauen als Jüngerinnen Jesus nachgefolgt sind (*akolouthein*), erwähnt Lukas nur, daß Frauen im Gefolge Jesu ihn und die männlichen Jünger mit ihrem Vermögen unterstützten.

2.2 Wie sehr die androzentrischen Interessen der ntl. Autoren auch die Redaktion ihrer Werke bestimmt haben, läßt sich am Beispiel des lukanischen Werkes aufzeigen, das unser Geschichtsbild des Urchristentums entscheidend geprägt hat[26]. Da Lukas gewöhnlich als der »frauenfreundlichste«[27] aller neutestamentlichen Autoren angesehen wird, klingt diese Hypothese befremdlich. Doch wird eine solche androzentrische Tendenz deutlich, wenn man seine Darstellung der Osterereignisse analysiert. Wie die Auseinandersetzungen des Paulus mit seinen Gegnern zeigen, war das Leitungsamt der Apostel für die im Entstehen begriffene christliche Bewegung von höchster Bedeutung. Nach Paulus ist das Apostelamt nicht auf den Zwölferkreis beschränkt, sondern umfaßt alle, die eine Erscheinung des Auferstandenen hatten und vom auferweckten Herrn mit der christlichen Mission beauftragt wurden (1 Kor 9,4). Lukas beschränkt nicht nur den Apostolat auf die Zwölf, sondern modifiziert auch die von Paulus aufgeführten Kriterien[28]. Nach Lukas konnten als Ersatz für den Apostel Judas nur solche Jünger gewählt werden, die Jesus bei seinem Wirken von Galiläa nach Jerusalem begleitet hatten und Zeugen seines Todes und seiner Auferstehung wurden (Apg 1,21f). Während Paulus nach dem lukanischen Maßstab nicht Apostel genannt werden kann, haben Frauen diese Kriterien für den Apostolat erfüllt. Nach Markus[29] waren Frauen Zeugen des öffentlichen Wirkens Jesu in Galiläa und Jerusalem. Sie waren die einzigen, die Augenzeugen seines Todes am Kreuz wurden, da die männlichen Jünger geflohen waren, und Frauen waren die ersten, denen die Osterbotschaft zuteil wurde (Mk 15,40f.47; 16,1-8). Während nach Markus niemand eine Ostererscheinung hatte, erhalten nach Matthäus und Johannes nicht nur die männlichen Jünger, sondern auch Maria Magdalena eine solche.

Die androzentrische Redaktion des Lukas sucht in sehr subtiler Weise die Frauen als apostolische Zeugen zu disqualifizieren. Er betont, daß die Elf den Frauen, die ihnen die Osternachricht überbrachten, nicht glaubten, sondern ihre Worte als Geschwätz beurteilten (24,11). Zwar bestätigte die Überprüfung der Situation durch die Männer den Bericht der Frauen (24,24), doch kamen die Jünger nicht zum Glauben. Erst die Erscheinung des Auferstandenen vor Simon (24,34) führt zum Glauben an Jesu Auferstehung. Diese Erscheinung vor Petrus wird nicht erzählt, sondern nur in einer bekenntnishaften Formel verkündet. Sie entspricht der von Paulus in 1 Kor 15,3-5 zitierten Tradition, die Kephas und die Elf, aber nicht auch Maria Magdalena und die Frauen als Zeugen der Auferstehung nennt. Daß die lukanische Redaktion auf den Ausschluß der Frau vom Apostelamt zielt, wird durch die Bestimmung erhärtet, daß nur einer der Männer als Ersatz für Judas in Frage kommen darf (Apg 1,21f).

Die lukanische Hervorhebung des Petrus als primären Osterzeugen geschieht wahrscheinlich im Kontext der urchristlichen Diskussion, ob Petrus oder Maria Magdalena der erste Auferstehungszeuge ist. Diese Diskussion sieht Petrus als Konkurrenten der Maria Magdalena, insofern er sich ständig darüber beschwert, daß der Herr einer Frau so viele Offenbarungen zuteil hat werden lassen. Schon das Thomasevangelium[30] reflektiert diese Konkurrenz zwischen Petrus und Maria Magdalena. Die gnostische Schrift *Pistis Sophia* und das apokryphe Evangelium der Maria entwickeln dieses Motiv weiter. Im Evangelium der Maria[31] wird Petrus zurechtgewiesen, weil er wie einer der Gegner argumentiert. Wie kann Petrus, so wird gefragt, gegen Maria Magdalena sein, weil sie eine Frau ist, wenn doch der Herr selbst sie seiner Offenbarungen gewürdigt hat. Daß diese Diskussion eine aktuelle kirchliche Situation voraussetzt, wird durch die Apostolische Kirchenordnung deutlich. Während das Evangelium der Maria ihre apostolische Autorität damit begründet, daß der Herr sie mehr liebte als alle anderen Jünger, begründet die Apostolische Kirchenordnung den Ausschluß der Frau vom Priestertum, indem sie Maria Magdalena selbst argumentieren läßt, daß die Schwachen, d. h. die Frauen, durch die Starken, d. h. die Männer, gerettet werden[32]. Diese Auseinandersetzung um die Auferstehungszeugenschaft von Maria Magdalena macht jedoch deutlich, daß Maria wie Petrus noch im dritten und vierten Jahrhundert in einigen christlichen Gemeinden apostolische Autorität besessen hat. In ihr wird aber ebenfalls greifbar, daß die androzentrische Interpretation urchristlicher Tradition den Interessen einer urchristlichen patriarchalen Praxis dient.

II. Das androzentrische Interpretationsmodell der frühen Kirche

Die Auseinandersetzung um die apostolische Autorität von Maria Magdalena und die lukanische Redaktion werden jedoch erst dann in ihrer Bedeutung verständlich, wenn man sie im Kontext des altkirchlichen Interpretationsmodells der urchristlichen Entwicklungsgeschichte versteht. Dieses Interpretationsmodell begreift die christliche Geschichte als den Antagonismus von Orthodoxie und Häresie[33].

1. Der Legitimitätsanspruch verschiedener christlicher Gruppen

Das klassische Verständnis von Häresie setzt die zeitliche Priorität der Orthodoxie voraus. Nach Origenes sind alle Häretiker zuerst orthodoxe Gläubige, aber sie irren dann vom rechten Glauben ab[34]. Häresie ist nach diesem Verstehensmodell nicht nur ein freiwilliger Abfall, sondern auch eine intendierte Verstümmelung des rechten Glaubens. Das orthodoxe Geschichtsbild weiß, daß Jesus die Kirche gegründet und seine Offenbarung den Aposteln anvertraut hat, die seine Lehre in der ganzen Welt verkündeten. Die orthodoxe Kirche bewahrt in der apostolischen Tradition die Kontinuität mit dem Offenbarungsereignis in Jesus Christus und stellt in der apostolischen Sukzession die personale Kontinuität mit Jesus und den Uraposteln her.

Da dieses Verständnis der urchristlichen Anfänge von allen christlichen Gruppen der frühen Kirche geteilt wird, versuchen alle zu beweisen, daß sie in apostolischer Kontinuität mit Jesus und den Aposteln stehen. Der Montanismus, gnostische Gruppen verschiedener Schattierungen und die patristische Kirche berufen sich daher auf apostolische Tradition und Offenbarung, um ihre eigene Authentizität zu begründen und ihre eigene kirchliche Praxis zu legitimieren. Beide Parteien, die Gegner sowohl wie die Befürworter des Leitungsamtes der Frau in der Kirche, beanspruchen für sich apostolische Tradition und Sukzession[35]. Die Befürworter weisen auf Maria Magdalena, Salome oder Martha als apostolische Jüngerinnen hin. Sie betonen die Sukzession der Prophetinnen des Alten und Neuen Bundes oder verweisen auf die Frauen der apostolischen Zeit, die in Röm 16 genannt werden. Ihre egalitären Gemeinschaftsstrukturen versuchen sie mit dem Hinweis auf Gal 3,28 zu legitimieren.

Die patriarchale Opposition dagegen beruft sich auf das Beispiel Jesu, der weder Frauen zum Predigen aussandte noch beim letzten Abendmahl zuließ[36]; oder sie zitieren Schrifttexte wie Gen 2-3, 1 Kor 14, die deuteropaulinischen Haustafeltexte und besonders 1 Tim 2,9-15. Während gnostische Gruppen ihre apostolische Autorität auf Maria Magdalena zurückführen und betonen, daß Frauen ebenso wie Männer der Offenbarungen des Herrn gewürdigt worden sind, versuchen patristische Autoren die Zeugenautorität des Petrus gegen die der Maria Magdalena auszuspielen. Während Gruppen, die die Leitungsrolle der Frau anerkannten, die Schrift nach Stellen durchforsteten, in denen Frauen genannt werden, versuchen patristische Autoren die Bedeutung der Frauen in den Anfängen des Christentums wegzuerklären oder herunterzuspielen.

Origines z. B. konzediert, daß Frauen als Prophetinnen aufgetreten sind. Doch betont er, daß diese Frauen nicht öffentlich und besonders nicht in der Gemeindeversammlung gesprochen haben[37]. Chrysostomos wiederum bestätigt, daß Frauen in der apostolischen Zeit als Missionare im Dienste des Evangeliums wirkten. Er erklärt aber zu gleicher Zeit, daß sie dies nur tun konnten, weil am Anfang der Kirche »engelhafte« Bedingungen[38] herrschten.
Während die Montanisten die prophetische Aktivität von Frauen mit der Schrift legitimierten, begründen Kirchenordnungen das Diakonisseninstitut, das der Frau nur sehr begrenzte und untergeordnete kirchliche Funktionen zugestand[39], mit dem Hinweis auf die alttestamentlichen und urchristlichen Prophetinnen[40]. Während sich Frauen, die predigten und tauften, auf das Beispiel der Apostolin Thekla berufen, versucht Tertullian die Akten der Thekla als eine Fälschung zu desavouieren[41]. Dieses Beispiel deutet an, daß der Kanonisierungsprozeß als eine Waffe in der Polemik um das kirchliche Frauenamt gebraucht wurde.

1.2 Die Polemik der Väter gegen das kirchliche Leitungsamt der Frau zeigt an, daß die Frage des Frauenamtes im zweiten und dritten Jahrhundert umstritten war. Diese Polemik beweist, daß die progressive Patriarchalisierung des kirchlichen Amtes nicht unangefochten fortschritt, sondern daß sie sich mit einer urchristlichen Theologie und Praxis auseinanderzusetzen hatte, die den Führungsanspruch der Frau anerkannte[42]. Zwar verdanken wir dieser Polemik die geringen geschichtlich überlebenden Informationen über das kirchliche Frauenamt in verschiedenen christlichen Gruppen, doch sind diese Überlieferungen weder zahlreich noch unvoreingenommen. Trotzdem werden sie jedoch oft als Geschichtsschreibung theologisch ausgewertet.

Diese Polemik der patriarchalischen Autoren gegen die Frau im Führungsamt der Kirche führte schließlich zur Gleichsetzung von Frau und Häresie. Die progressive Verketzerung der Frau in den ersten Jahrhunderten hat die theologische Diffamierung der christlichen Frau zur Folge. Ein paar Beispiele sollen diese Thesen veranschaulichen. Der Verfasser der Apokalypse prophezeit gegen eine urchristliche Prophetin, die er mit dem Namen »Jezebel«[43] beschimpft. Diese Prophetin war offenbar das Haupt einer Prophetenschule, die großen Einfluß und Autorität in der Gemeinde zu

Thyatira gehabt zu haben scheint. Da der Verfasser betont, daß diese Prophetin trotz seiner Warnungen und Denunzierungen immer noch in der Gemeinde wirkt, scheint ihre Autorität mindestens so groß gewesen zu sein wie die des Johannes, den sie ihrerseits wahrscheinlich als falschen Propheten gebrandmarkt hat. Ihr Einfluß muß bedeutend gewesen sein, da Thyatira im zweiten Jahrhundert zu einem Zentrum der montanistischen Bewegung wurde, in der Prophetinnen eine wichtige Rolle spielten.

Die Angriffe Tertullians machen deutlich, wie prominent Frauen noch gegen Ende des zweiten Jahrhunderts waren. Tertullian entrüstet sich über die freche Anmaßung dieser Frauen, die »zu lehren, zu disputieren, Beschwörungen vorzunehmen, Heilungen zu versprechen und vielleicht auch zu taufen« wagten. Dagegen betont er, daß es der Frau nicht erlaubt sei, »in der Kirche zu reden, auch nicht zu lehren, nicht zu besprengen, noch das Opfer darzubringen, noch irgendeine männliche Funktion, noch sonst eine Art von priesterlicher Funktion« zu beanspruchen[44]. Er begründet aber diesen Ausschluß der Frau von allen kirchlichen Leitungsfunktionen mit einer Theologie, die von einer tiefen Verachtung und Furcht vor der Frau zeugt. Er wirft der Frau nicht nur die Verführung des Mannes, sondern auch die Verführung der Engel vor. Für ihn ist die Frau das Einfallstor des Teufels und aller Sünde. Für Hieronymus schließlich ist die Frau nicht nur Anlaß zur Sünde, sondern auch die Quelle aller Häresie.

»Mit Hilfe der Hure Helena gründete Simon Magus seine Sekte. Scharen von Frauen begleiteten Nikolaus von Antiochien, diesen Verführer zu aller Unreinheit. Marcion sandte eine Frau vor sich her nach Rom, um die Geister der Männer vorzubereiten, daß sie in seine Netze gingen. Apelles hatte seine Philomena, eine Genossin in den falschen Lehren. Montanus, dieses Mundstück eines unreinen Geistes, gebrauchte zwei reiche Frauen hoher Geburt, Prisca und Maximilla, um viele Gemeinden erst zu bestechen und dann zu verderben ... Arius, darauf bedacht, die Welt in die Irre zu führen, begann mit der Irreleitung der Schwester des Kaisers. Die Hilfsquellen der Lucilla halfen Donatus, so viele Unglückliche in Afrika mit seiner befleckenden Wiedertaufe zu verderben. In Spanien brachte die blinde Frau Agape einen Mann wie Elpidius in das Grab. Ihm folgte Priscillian, ein begeisterter Verfechter Zarathustras und ein Magier, bevor er Bischof wurde, und eine Frau namens Galla unterstützte ihn in seinen Bemühungen und hinterließ eine Stiefschwester, um eine zweite Häresie geringerer Form forzusetzen.«[45]

2. Die neutestamentliche Legitimation der kirchlichen Patriarchalisierung

Der Patriarchalisierungsprozeß des kirchlichen Amtes, der in der Verketzerung der Frau gipfelt, findet sich anfänglich schon in den späteren Schriften des Neuen Testaments. Da die echten Paulusbriefe von der Führungsrolle der Frau in der Urkirche wissen und die Tendenz und Authentizität von 1 Kor 11,2-16[46] und 14,33-36[47] exegetisch umstritten ist, wird darüber diskutiert, ob dieser Patriarchalisierungsprozeß der Kirche von Paulus ausgelöst oder zumindest gefördert worden ist[48]. Doch läßt sich nicht bezweifeln, daß die urchristlichen Patriarchalisierungstendenzen sich auf Paulus berufen konnten und unter seinem Namen die Geschichte und Praxis der Kirche bestimmt haben. Dieses patriarchalische Verständnis der paulinischen Theologie wird durch die moderne Exegese unterstrichen. Exegeten setzen nämlich das Interpretationsmodell von Orthodoxie und Häresie voraus, wenn sie die Gegner des Paulus als »gnostisch« oder »gnostisierend« charakterisieren. Die Frauen in Korinth, die anscheinend eine gleiche Stellung mit den Männern im Gottesdienst und Leitungsamt der Gemeinde innehatten, werden dadurch als »häretisch« qualifiziert, während die Ermahnungen und theologischen Begründungen des Paulus als »orthodox«[49] verstanden werden. Der theologisch-historische Anspruch von Gal 3,28 wird in ähnlicher Weise entschärft, wenn er als gnostische Taufformel[50] klassifiziert oder als enthusiastische Spiritualisierung und Illusion[51] denunziert wird.

2.1 Dagegen lassen sich ausgesprochene Patriarchalisierungstendenzen mit Sicherheit in den Deutero-Paulinen und in der postpaulinischen Literatur nachweisen. Die sogenannten Haustafeln[52] der deutero-paulinischen Literatur akzeptieren und legitimieren die patriarchale Familienordnung. Besonders der Epheserbrief verfestigt theologisch das patriarchale Beziehungsverhältnis zwischen Mann und Frau, insofern er es mit dem eindeutig hierarchisch bestimmten Verhältnis Christi zur Kirche vergleicht[53]. Der erste Petrusbrief, der innerhalb des paulinischen Traditionszusammenhangs steht, identifiziert den missionarischen Auftrag der Frau mit der Unterordnung der Frau unter ihren Mann, den sie dadurch ohne viele Worte für das Christentum gewinnen kann. Der Verfasser ermahnt die Frauen, dem Gehorsamsbeispiel der heiligen Frauen des Alten Testaments zu folgen. Sarah wird zum nachahmenswerten Beispiel für die christliche Frau, weil sie Abraham als ihren Herrn anerkannt hat. Die Männer werden dagegen ermahnt, verständnisvoll mit ihren Frauen umzugehen, da diese das »schwächere Geschlecht« sind, ein Ausdruck, der die leibliche, geistige, intellektuelle und soziale Minderwertigkeit der Frau ausspricht. Zwar gibt der Verfasser zu, daß die Frauen »Miterben des Lebens« sind, doch legitimiert er theologisch die patriarchale Zweitrangigkeit der Frau. Aber es muß zugleich beachtet werden, daß der Verfasser nicht nur der Frau die patriarchale Unterordnung theologisch empfiehlt, sondern von allen Christen die Unterordnung unter die patriarchale Gesellschaftsordnung um Christi willen verlangt (2,13). Diese Unterordnung unter die patriarchale Herrschaft wird besonders den Sklaven eingeschärft und mit dem Hinweis auf das Leiden Christi legitimiert[54].

Die Stelle 1 Tim 2,9-15[55] verlangt wie 1 Kor 14,33-36 das Schweigen und die Unterordnung der Frau in der christlichen Gemeindeversammlung. Daß hier eine Patriarchalisierung der christlichen Leitungsfunktionen angestrebt wird, zeigt sich schon deutlich in der Forderung des Verfassers, daß die Frau in allem Unterordnung lernen soll. Diese Patriarchalisierungstendenz kommt aber vor allem darin zum Ausdruck, daß der Frau kategorisch verboten wird, zu lehren oder Autorität über den Mann auszuüben. Theologisch wird die patriarchale Unterordnung der Frau und ihr Ausschluß vom Leitungsamt der Kirche damit begründet, daß der Mann als erster erschaffen wurde, daß aber die Frau als erste verführt wurde[56]. Dieses negative theologische Verständnis der Frau hat die Funktion, die Emanzipationsbestrebungen von Frauen zu diskreditieren und ihren Ausschluß vom kirchlichen Leitungsamt theologisch zu legitimieren. Nicht der Ruf in die Nachfolge oder die missionarische Sendung bedingt das Heil der Frau, sondern ihre patriarchalisch bestimmte Rolle als Mutter und Ehefrau.

Diese Forderung der patriarchalen Unterordnung der Frau in den Pastoralbriefen hängt mit der fortschreitenden Patriarchalisierung der Kirche und ihrer Leitungsfunktionen zusammen[57]. Die Pastoralbriefe fordern, daß diese Amtsfunktionen in Analogie zu der herrschenden patriarchalen Familienstruktur gestaltet werden sollen. Kriterien für die Wahl der männlichen Gemeindeleiter sind: sie dürfen nur mit einer Frau verheiratet sein und müssen ihre patriarchalen Leitungsfähigkeiten demonstriert haben. Sie müssen ihre Kinder recht zu erziehen wissen und mit Autorität ihrem Hauswesen vorstehen und es verwalten können. Diese Gemeindeordnung hat keinen Raum für die Führungsrolle der Frau in der Kirche. Daß diese patriarchale Gemeindeordnung in Konflikt mit einer mehr egalitären Leitungsstruktur steht und diese zu ersetzen sucht, wird daraus deutlich, daß sie eine ideologische Legitimation für den Ausschluß der Frau vom Lehr- und Leitungsamt braucht. Damit wird deutlich, daß die frauenfeindlichen Äußerungen der urkirchlichen patriarchalen Theologie nicht nur auf einem fehlerhaften anthropologischen Verständnis der Frau beruhen, sondern durch das kirchliche Legitimationsinteresse am Ausschluß der Frau von kirchlichen Leitungsfunktionen und damit an der Patriarchalisierung der Kirche bedingt sind.

2.2 Exegeten verstehen diesen Patriarchalisierungsprozeß gewöhnlich als notwendige Entwicklung[58] vom Charisma zum Amt, vom Paulinismus zum Frühkatholizismus, von einem millenaristisch-radikalen Ethos zu enteschatologisierter Bürgerlichkeit, von der Jesusbewegung als innerjüdischer Erneuerungsbewegung zum integrierenden Liebespatriarchalismus[59] der hellenistischen Gemeinden in den antiken Großstädten. Zwar läßt sich dieser Liebespatriarchalismus m. E. noch nicht für die vorpaulinischen Gemeinden und die urchristliche Missionsbewegung[60] nachweisen, doch beschreibt er treffend die postpaulinische Kirche.

Dieses Interpretationsmodell, das heute von vielen Exegeten geteilt wird, impliziert jedoch, daß soziologisch gesehen die allmähliche Patriarchalisierung der urchristlichen Bewegung unumgänglich war. Wenn die Christengemeinden wachsen, sich entfalten und historisch überleben wollten, mußten sie sich ihren zeitgenössischen patriarchalen Gesellschaftsstrukturen anpassen. Es war daher unvermeidlich, daß die strukturelle Verfestigung und gesellschaftliche Institutionalisierung der charismatisch-egalitären urchristlichen Bewegung eine Patriarchalisierung der gemeindlichen Leitungsaufgaben mit sich brachte, so daß Frauen immer mehr von kirchlichen Ämtern ausgeschlossen und auf untergeordnete, patriarchalisch bestimmte, feminine Funktionen beschränkt wurden. Je mehr sich die urchristliche Bewegung an die herrschenden Gesellschaftsformen ihrer Zeit anlehnte und so zu einem echten Mitglied der patriarchalisch bestimmten griechisch-römischen Gesellschaft wurde, desto mehr mußte die Frau aus kirchlichen Ämtern verdrängt, auf machtlose Randgruppen beschränkt oder den patriarchalisch bestimmten Geschlechtsrollen angepaßt werden. Das spätere kirchliche Witwen- und Diakonissenamt wurde daher z. B. auf den Frauendienst beschränkt und schließlich ganz aus der Kirche verdrängt. Ferner konnten diese Ämter nicht mehr von allen Frauen ausgeübt werden, sondern waren enthaltsam lebenden Jungfrauen und Witwen vorbehalten.

Dieses heute weit verbreitete Interpretationsmodell der frühchristlichen Entwicklung scheint zwar die Folgen der Patriarchalisierung des kirchlichen Amtes korrekt zu beschreiben. Doch ist dieses Modell insofern androzentrisch bestimmt, als es die Verdrängung und Marginalisierung der Frau durch den patriarchalen Institutionalisationsprozeß als geschichtlich unvermeidbar hinstellt. Die theologischen Implikationen eines solchen Rekonstruktionsmodells der urchristlichen Geschichte für die heutige Kirche liegen auf der Hand. Frauen können in der Kirche nur untergeordnete Positionen einnehmen, da der patriarchale Charakter des kirchlichen Leitungsamtes unabdingbar zur Kirche als Institution gehört. Frauen, die den Anspruch auf das kirchliche Amt erheben, verstoßen gegen das Wesen kirchlicher Tradition und sind daher häretisch disqualifiziert. Die Unterordnung und Marginalität der Frau in der Kirche ist auf dem Boden einer solchen geschichtlichen Rekonstruktion göttliche Offenbarung. Tradition dient zur Legitimation der geschichtlich Siegreichen[61].

Das androzentrisch bestimmte Interpretationsmodell, das traditionell mit den Kategorien Orthodoxie-Häresie die urchristliche Geschichte zu verstehen sucht, setzt jedoch voraus, daß der Patriarchalisierungsprozeß der Kirche nicht unangefochten war, sondern einer urchristlichen Theologie und Praxis gegenüberstand, die die Frau als ebenbürtige Jüngerin und Christin anerkannte. Da jedoch das traditionelle, androzentrisch bestimmte Interpretationsmodell die gleichwertige Stellung der Frau in der Kirche theologisch nicht zu formulieren vermag, muß nach einem heuristischen Interpretationsmodell gesucht werden, das die sogenannten »häretischen«

Traditionen als wesentliche Elemente in das Geschichtsbild theologisch integrieren kann. Da ein solches Modell die Gleichwertigkeit und Gleichrangigkeit *aller* Christen voraussetzt, kann es feministisch genannt werden. Insofern dieses Modell nach der Gleichheit aller Christen in der urchristlichen Gemeinde fragt, muß sich seine Formulierung der soziologischen Analyse bedienen.

3. Die egalitäre urchristliche Bewegung

Das hier vorgelegte Interpretationsmodell setzt voraus, daß das Christentum nicht von seinen ersten Anfängen an patriarchalisch bestimmt und ein integrierter Bestandteil der antiken, patriarchalen Gesellschaft war[62]. Wenn man danach fragt, welche geschichtlich uneingelösten emanzipatorischen Impulse uns heute noch trotz aller Patriarchalisierungstendenz von Tradition und Kirche historisch zugänglich sind und erneut zu geschichtlicher Wirksamkeit drängen, dann muß man versuchen, die Impulse der Jesusbewegung und der urchristlichen Missionsbewegung zum Fundament einer Rekonstruktion urchristlicher Geschichte zu machen.

3.1 Trotz offensichtlicher patriarchalischer Traditionstendenzen und androzentrischer Redaktion durch die Evangelisten schreiben die neutestamentlichen Quellen Jesus selbst kein einziges negatives Wort über die Frau zu. Dies ist bemerkenswert, da die Evangelien zu einer Zeit verfaßt wurden, als der Patriarchalisierungsprozeß der christlichen Gemeinde schon im Gange war. Besonders die Erzählungen über die Heilungen von Frauen zeigen, daß die Tradition das Verhalten Jesu nicht apologetisch im patriarchalen Sinn zu interpretieren suchte. Selbst die späteren neutestamentlichen Texte, die ausdrücklich die patriarchale Unterordnung der christlichen Frau fordern, legitimieren diese Forderung nicht mit dem Hinweis auf ein Wort Jesu, sondern mit dem Verweis auf das Gesetz, besonders auf Gen 2-3.

Die Jesustraditionen sind in keiner Weise patriarchal bestimmt. Das Gegenteil ist der Fall[63]. Sie tradieren die Jüngerschaft und **Zeugenschaft von Frauen (Mk 15,40f par.).** Da die Nachfolge Jesu und die Jüngergemeinschaft die traditionellen Familienbande auflöst und ersetzt (Mk 3,35), wird die Jüngerin nicht mehr unter das

Subordinationsgesetz patriarchaler Ehe gestellt. Die Treue der Frau in der Jüngerschaft Jesu wird besonders unterstrichen: es waren Frauen, die mit Jesus in seinem Leiden ausharrten und Zeugen des leeren Grabes und der Auferstehung wurden. Die drei Frauenperikopen bei Markus behaupten, daß Frauen die ersten Zeugen für »die drei Grundtatsachen des Kerygmas: Tod, Begräbnis, Auferstehung« waren. Diese drei Perikopen scheinen das »gestorben, begraben, auferweckt« der vorpaulinischen Tradition von 1Kor 15,3-5 erzählerisch zu parallelisieren[64]. Diese Tradition der Evangelien über die Zeugenschaft der Frau, besonders Maria Magdalenas, genügt den kritischen Maßstäben, die die Forschung zur Gewinnung authentischer Jesustradition aufgestellt hat[65]: diese Tradition ist in zwei Überlieferungskreisen, dem synoptischen und johanneischen, belegt. Sie kann nicht aus dem Judentum abgeleitet werden, noch den Interessen der urchristlichen Verkündigung entstammen. Kirchliche Überlieferung spricht von Maria Magdalena als »Apostel zu den Aposteln«, wenn sie auch diese Tatsache als unbedeutend hinstellen möchte. Moderne Interpreten zeigen dieselbe Tendenz, wenn sie die Zeugenschaft Maria Magdalenas im Gegensatz zu der von Petrus als »unoffiziell« zu erklären versuchen[66].

Diese Traditionen über die Frauen in der Jüngerschaft Jesu entsprechen dem Verständnis der Jesusbewegung, das religions-soziologische Studien[67] herausgearbeitet haben. Als Erneuerungsbewegung ist die Jesusbewegung im Konflikt mit ihrer Gesellschaft und in bezug auf die jüdische Glaubensgemeinschaft »häretisch«. Die ältesten Jesustraditionen erwarten eine Umkehrung aller sozialen Gegensätze durch das eschatologische Eingreifen Gottes, das im Wirken Jesu keimhaft Gestalt annimmt. Deshalb kann die Jesusbewegung diejenigen akzeptieren, die nach den Normen ihrer Gesellschaft Außenseiter und nach dem Gesetz »unrein« sind: die Armen, Ausgebeuteten, öffentlichen Sünder, Zöllner und auch die Frauen[68]. Im Unterschied zu anderen innerjüdischen Erneuerungsbewegungen war die Jesusbewegung nicht exklusiv, sondern inklusiv. Sie ermöglichte die Solidarität derer, die wegen religiöser Gesetze und Ideologien von anderen Gruppen nicht akzeptiert wurden. Die Zugehörigkeit der Frau zum Jüngerkreis war deshalb möglich, obwohl die Frau als religiös minderwertig und kultisch unrein angesehen wurde. Die siebenfache Überlieferung der Sprüche vom Sklave- und Letzter-Sein der Ersten und Großen in der synoptischen Tradition[69] weist darauf hin, daß Jesus die Abhängigkeits- und Herrschaftsverhältnisse radikal in Frage stellt. »Sie bedeutet die grundsätzliche Forderung nach einer Gestaltung der zwischenmenschlichen Beziehungen, die den einzelnen zu seinem Recht und zu der ihm gemäßen Freiheit gelangen läßt.«[70] Die Inklusivität und Herrschaftsfreiheit in der Jüngergemeinde scheint die theologische Basis für die Anerkennung der Frau als Jüngerin Jesu zu sein.

3.2 Dieses Ethos der Jesusbewegung kommt auch in dem Selbstverständnis der urchristlichen Missionsbewegung zum Ausdruck. In der urchristlichen Gemeinde sind alle Unterschiede der Rasse, der Religion, der Klasse und der Geschlechtsrollen aufgehoben. Alle sind in Christus eins und einander ebenbürtig. Gal 3,28 stellt eine vorpaulinische Taufformel dar, die von Paulus zitiert wird, um seine Auffassung zu stützen, daß in der Gemeinde alle religiös-gesellschaftlichen Unterschiede zwischen Juden und Griechen aufgehoben sind[71]. Mit diesem Taufbekenntnis stellten sich die Neugetauften in Gegensatz zu den allgemein akzeptierten rassischen, sozialen, patriarchalen und religiösen Werten der griechisch-römischen Kultur. Die christliche Gemeinde tolerierte nicht die religiös-gesellschaftlichen strukturellen Diskriminierungen, die charakteristisch für die herrschende Gesellschaft waren. Das neue Selbstverständnis der Christen beendete alle Religions-, Klassen- und patriarchalen Herrschaftsverhältnisse und ermöglichte es damit nicht nur Heiden und Sklaven, sondern auch Frauen, wichtige Positionen in der Gemeinde einzunehmen. Frauen waren in dieser missionarischen Bewegung nicht Randfiguren, sondern Apostel, Propheten und Missionare.

Doch darf diese vorpaulinische Taufformel nicht gnostisch spiritualisiert verstanden werden[72]. Wie der christliche Jude rassisch ein Jude blieb, so bleibt die Frau biologisch eine Frau, obwohl die patriarchal-gesellschaftliche Abhängigkeit der Frau in der christlichen Gemeinde aufgehoben war. Dieses Verständnis von Gal 3,28 ist auch nicht nur rein charismatisch zu verstehen, da es sich strukturell in der Institution der Gemeinde ausdrückt. Eine solche kommunale Organisationsform, die die gesellschaftlichen Unterschiede

Der Beitrag der Frau zur urchristlichen Bewegung 83

zwischen Sklaven und Freien wie Männern und Frauen aufhebt, findet sich auch in den religiösen Vereinen und Genossenschaften der Zeit, die deshalb von der herrschenden römischen Gesellschaft immer auch des gesellschaftlichen Umsturzes verdächtig waren. Besonders die östlichen Kulte, wie z. B. der Isiskult oder der Dionysoskult, wurden angeklagt, die Grundlage der traditionellen *politeia* zu untergraben[73], da sie die Ordnung des *Haushalts* zerstörten, indem sie Frauen und Sklaven zur Auflehnung verleiteten[74]. Die urchristliche Missionsbewegung ist deshalb wie die Jesusbewegung eine Konfliktbewegung. Der Liebespatriarchalismus der Paulusschule wurde daher wahrscheinlich nicht in erster Linie als Argument gegen die christliche Gleichstellung der Frau entwickelt, sondern als politische Apologie[75], die betonte, daß die Christen die patriarchalen Grundlagen der Gesellschaft nicht bedrohten. Dieses apologetische Interesse steht am Anfang des Patriarchalisierungsprozesses der urchristlichen Gemeinde.

In Zusammenfassung: Die hier vorgelegte kritische Hinterfragung der patriarchalen Rekonstruktion und Interpretation des Urchristentums ist bewußt hypothetisch und konstruktiv. Sie ist nicht nur vom Interesse an der Vergangenheit motiviert, sondern sucht die emanzipatorischen Impulse und feministischen Grundlagen der urchristlichen Gemeinde im Interesse der Gegenwart und besonders der Zukunft freizulegen[76]. Ihre Intention ist nicht nur theoretischer Natur, sondern auf emanzipatorische Praxis hin angelegt. Obwohl sie dem Jubilar, der eben doch auch »Doktorvater« ist, vielleicht zum Ärger gereichen mag, hoffe ich, daß er daran kein Ärgernis nimmt.

Anmerkungen:

* Die »Geschichte« dieses Referates hat leider die hier vorgelegte Analyse patriarchalischer Wissenschaft voll und ganz bestätigt. Auf Einladung des Herausgebergremiums wurde der Beitrag für die Schülerfestschrift aus Anlaß des 65. Geburtstages von Herrn Professor Schnackenburg vorbereitet und auf der wissenschaftlichen Tagung des Schülerkreises über »Probleme der Geschichte des Urchristentums« vorgetragen. Trotz schriftlicher und mündlicher Zusicherungen, daß der Vortrag in der Festschrift publiziert werde, da er sich eng an das Gesamtthema hielt, hat das Herausgebergremium ihn dann doch nicht in die Festschrift aufgenommen. Die sachlich-exegetische Begründung, die von mir angefordert wurde, steht bis heute

(Januar 1980) aus. Die Nicht-Aufnahme des Beitrages wurde damit erklärt, daß es der einzige Beitrag sei, »dessen Aktualität so drängend ist, daß er eindeutig den Rahmen des Themas ›Aus der Geschichte des Urchristentums. Aspekte und Leitlinien der Entwicklung‹ sprengt.«
In einem Rundbrief an den Schülerkreis (28.12.79), der das Erscheinen der Festschrift in den *Quaestiones Disputatae* (87) ankündigt, hat das Herausgebergremium dieselbe Begründung wiederholt: »Vor allem war es der brisante Überhang an Aktualität, der den Vortrag unserer Kommilitonin stark von den übrigen Beiträgen absetzte und die Redaktoren von einer Veröffentlichung in der Festschrift Abstand nehmen ließ. Wir waren uns jedoch einig, daß das Thema weiterer Diskussion bedürfe und die Meldungen von einschlägigen Papstäußerungen in Amerika bestätigen uns in dieser Ansicht.« Zugleich werden dann Themenvorschläge für eine Tagung des Schülerkreises Schnackenburg gemacht, die wie die ganze Tagung eindeutig von diesem Referat inspiriert sind. Solange man das Problem als »Frauenthema« neutralisieren und die exegetische Diskussion patriarchalisch kontrollieren kann, scheint der »brisante Überhang an Aktualität« meine Kollegen nicht zu beunruhigen.

1 A. Meyer, Die moderne Forschung über die Geschichte des Urchristentums, Leipzig-Tübingen 1898; D. Lührmann, Erwägungen zur Geschichte des Urchristentums, EvTh 32 (1972) 452-467; R. Schnackenburg, Das Urchristentum, in: J. Maier – J. Schreiner (Hg.), Literatur und Religion des Frühjudentums, Würzburg 1973, 284-309; J. Blank, Probleme einer ›Geschichte des Urchristentums‹, Una Sancta 30 (1975) 261-286; S. Schulz, Die Mitte der Schrift. Der Frühkatholizismus im Neuen Testament, Stuttgart 1976; F. Hahn, Das Problem des Frühkatholizismus, EvTh 38 (1978) 340-357; H. Paulsen, Zur Wissenschaft vom Urchristentum und der alten Kirche – ein methodischer Versuch, ZNW 68 (1978) 200-230.
2 Da dieser Beitrag sowohl die Literatur zur Geschichte des Urchristentums als auch die Studien über die Frau in Antike und Urchristentum voraussetzt, ist es unmöglich, die Literatur zum Thema auch in etwa vollständig anzuführen und allen Aussagen in kritischer Auseinandersetzung mit ihr abzusichern. Ein solches Verfahren muß einer größeren Arbeit vorbehalten bleiben.
3 Das zeigt sich z. B. darin, daß die Spezialstudien zur Rolle der Frau im Urchristentum auf die Geschichtsschreibung des Urchristentums keinen merklichen Einfluß haben.
4 AaO. 262.
5 Dies veranschaulicht das Werk von G. Heinz, Das Problem der Kirchenentstehung in der deutschen protestantischen Theologie des 20. Jahrhunderts (TTS 4), Mainz 1974, der den jeweiligen theologischen Ansatz herausarbeitet, der den verschiedenen Rekonstruktionen der kirchlichen Anfänge zugrunde liegt. Neben anderen Wegen zur Hermeneutik vgl. auch R. L. Rohrbaugh, The Biblical Interpreter, Philadelphia 1978.
6 Zum Begriff des Modelles vgl. T. S. Kuhn, The Structure of Scientific Revolutions, Chicago 1970, und I. G. Barbour, Myth, Models, and Paradigms, New York 1974. Etwas anders wird der Begriff des Modells von J. Blank, Zum Problem »Ethischer Normen« im Neuen Testament, Concilium 7 (1967) (356-362) 361f, definiert.

7 Vgl. Vera Lupik, Frau und Wissenschaft, in: Frauen in der Universität, Journal No. 6, München: Verl. Frauenoffensive 1972, 8-20; I. Kassner – S. Lorenz, Trauer muß Aspasia tragen. Die Geschichte der Vertreibung der Frau aus der Wissenschaft, München (Verl. Frauenoffensive) 1976; J. Janssen-Jurreit, Sexismus. Über die Abtreibung der Frauenfrage, München 1976, 11-93; H. Smith, Feminism and the Methodology of Womens's History, in: B. A. Caroll (Hg.) Liberating Women's History, Urbana 1976, 368-384.

8 S. de Beauvoir, Das andere Geschlecht. Sitte und Sexus der Frau, Hamburg 1951, 10; E. Janeway, Man's World, Woman's Place, New York 1971, spricht daher von »sozialer Mythologie«.

9 Vgl. meinen Beitrag: Für eine befreite und befreiende Theologie: Frauen in der Theologie und feministische Theologie in den USA, Concilium 14 (1978), 287-294; Feminist Theology as a Critical Theology of Liberation, Theological Studies 36 (1975) 605-626; V. Saiving, Androcentrism in Religious Studies, JR 56 (1976); B. W. Harrison, The New Consciousness of Women: A Socio-Political Resource, Cross Currents 24 (1975) 445-462.

10 Vgl. meinen Beitrag: Die Rolle der Frau in der urchristlichen Bewegung, Concilium 12 (1976) 3-9.

11 G. Delling, Frau und Ehe in der Umwelt der paulinischen Gemeinden in: ders., Paulus' Stellung zu Frau und Ehe, Stuttgart 1931, 2-56; C. Schneider, Kulturgeschichte des Hellenismus I, München 1967, 78-117; L. Swidler, Greco-Roman Feminism and the Reception of the Gospel, in: Jaspert-Mohr (Hg.), Tradition-Krisis-Renovatio aus theologischer Sicht, Marburg 1976, 39-52; W. A. Meeks, The Image of the Androgyne: Some Uses of a Symbol in Earliest Christianity, History of Religion 13 (1974) 167-180.

12 Aus diesem Grunde hat noch M. J. Lagrange, Saint Paul. Epitre aux Romains, Paris 1916, 366, sich für den Frauennamen entschieden. Vgl. B. Brooten, Junia. Outstanding among the Apostles, in: A. u. L. Swidler (Hg.), Women Priests. A Catholic Commentary on the Vatican Declaration, New York 1977, 141-144, für die Väterexegese.

13 Das Neue Testament. Übersetzt und herausgegeben von Prof. Dr. J. Kürzinger, Aschaffenburg [5]1956, 214.

14 H. Lietzmann, Geschichte der Alten Kirche I, Berlin [4]1961, 149.

15 Commentaria in Epistolam ad Romanos 10,26 (PG 14,1281B) 10,39 (PG 14,1289A).

16 Vgl. E. E. Ellis, Paul and His Co-Workers, NTS 17 (1970/71) 439; M. A. Getty, God's Fellow Worker and Apostleship, in: A. u. L. Swidler (Hg.), Women Priests, 176-182;

17 Dies wird von R. Macmullen, Roman Social Relations, New Haven 1974, 74-76. 124, betont.

18 Die Christengemeinde Korinths und die religiösen Genossenschaften der Griechen, ZWTh 19, (1876) 465-526.

19 St. Paul and Classical Society, JbAC 15 (1972) 28.

20 Vgl. meinen Aufsatz: Word, Spirit and Power: Women in Early Christian Com-

munities, in: McLaughlin-Ruether (Hg.), Women of the Spirit, New York 1979, 29-70.

21 Doch muß beachtet werden, daß kleine sektenartige Gruppen sich der Welt gegenüber abgrenzen und zwischen den Mitgliedern und Außenstehenden, die zum *Anderen* werden, unterscheiden. Dieser Dualismus ist noch nicht auf das Verhältnis von Mann und Frau übertragen; vgl. meinen Beitrag: The Study of Women in Early Christianity: Some Methodological Considerations, Proceedings of the College Theology Society 1977.

22 Sie ist die einzige Frau, die als Mitarbeiterin des Paulus von H. Conzelmann, Geschichte des Urchristentums, Göttingen 1971, zu den hervorragenden Personen (Anhang I) des Urchristentums gerechnet wird.

23 Dies ist schon im letzten Jahrhundert von Elizabeth Cady Stanton beklagt worden, vgl. E. C. Stanton, The Woman's Bible (Neudruck New York 1974), 7. Leider wird dies durch die Erklärung des Vatikans gegen das Priesteramt der Frau (1977) wiederum erhärtet. Zur internationalen Aufnahme und theologischen Beurteilung der Erklärung vgl. L. Swidler, Roma Locuta, Causa Finita?, in: ders. (Hg.), Women Priests, 3-18.

24 Dieser Tatbestand wird jedoch oft apologetisch verschleiert, da die meisten Studien über die Frau in der Bibel apologetisch motiviert sind.

25 Vgl. meinen Beitrag: Women in the Pre-Pauline and Pauline Churches, USQR 33 (1978) 153-166, und die dort zitierte Literatur.

26 Vgl. meinen Vortrag: Women's Discipleship and Leadership in the Lukan Writings, CBA Annual Meeting 1978.

27 Vgl. z. B. C. F. Parvey, The Theology and Leadership of Women in the New Testament, in: R. R. Ruether (Hg.), Religion and Sexism, New York 1974, 137-146.

28 Vgl. meine Beiträge: The Twelve, und: The Apostleship of Women in Early Christianity, in A. u. L. Swidler (Hg.), Women Priests, 114-122 und 135-140, und die dort zitierte Literatur.

29 Wegen der positiven Darstellung der Frauen im Markusevangelium erwägt P. Achtemeier, Mark, Philadelphia 1975, 11, daß eine Frau die Verfasserin des Evangeliums gewesen sein könnte. Die Annahme, daß alle ntl. Schriften von Männern verfaßt sind, kann sich zwar auf die Tradition stützen, doch ist der Kanonisierungsprozeß eindeutig androzentrisch bestimmt.

30 Logion 114, pl. 99,18-26. Vgl. Hennecke-Schneemelcher, Neutestamentliche Apokryphen I, Tübingen ³1959, 216.

31 Hennecke-Schneemelcher, aaO. 253f.

32 Vgl. J. P. Arendzen, An Entire Syriac Text of the Apostolic Church Order, JTS III (1902) 71.

33 Vgl. A. Hilgenfeld, Die Ketzergeschichte des Urchristentums (Neudr. Darmstadt 1963); W. Bauer, Rechtgläubigkeit und Ketzerei im ältesten Christentum, Tübingen ²1964; H. D. Betz, Orthodoxy and Heresy in Primitive Christianity, Interpretation 19, (1965) 299-311; H. Köster, GNOMAI DIAPHOROI, HThR 58 (1965) 279-318; J. Pelikan, The Emergence of the Catholic Tradition, Chicago 1971.

34 Origenes, Kommentar zum Hohenlied 3.2.2; dieses Thema variieren 1Clemens 42; Tertullian, De Praescriptione 20; Eusebius, Kirchengeschichte 4.22.2-3. Vgl. auch J. G. Gager, Kingdom and Community. The Social World of Early Christianity, Englewood Cliffs 1975, 76-92.
35 Für ausführliche Belege vgl. meinen Beitrag Word, Spirit and Power.
36 Vgl. Didaskalia 15 und die Apostolische Kirchenordnung III,6.9; J. Kevin Coyle, The Fathers on Women's Ordination, Eglise et Theologie 9 (1973) 51-101; C. Osiek, The Ministry and Ordination of Women according to the Early Church Fathers, in: C. Stuhlmüller (Hg.), Women and Priesthood, Collegeville 1978, 59-68.
37 Origenes, Commentarium in priman epist. ad Corinthios, 14,34-35; vgl. C. Jenkins, Origen on I Corinthians, IV, Journal of Theological Studies 10 (1908/09) 41f.
38 E. A. Clark, Sexual Politics in the Writings of John Chrysostom, AThR 59, 1977, 3-20.15f; D. F. Winslow, Priesthood and Sexuality in the Post-Nicene Fathers, The Saint Luke's Journal of Theology 18 (1975) 214-27.
39 Vgl. besonders A. Kalsbach, Die altkirchliche Einrichtung der Diakonissen bis zu ihrem Erlöschen (Röm. Quartalschr. Suppl. 20), Freiburg 1926, und R. Gryson, Le ministère des femmes dans l'Eglise ancienne, Gembloux 1972.
40 Apostolische Kirchenordnung III, 6.1-29.
41 Tertullian, De Baptismo 17; Zu den Akten der Thekla vgl. C. Schlau, Die Akten des Paulus und der Thekla, Leipzig 1877; W. M. Ramsay, The Church in the Roman Empire, London 1893, 375-428; R. Kraemer, Ecstatics and Ascetics. Studies in the Function of Religious Activities of Women . . . (Ann Arbor: Univ. Microfilms International), 1976, 142-149.
42 So auch F. Heiler, Die Frau in den Religionen der Menschheit, Berlin 1977, 114: »In der Großkirche hingegen begann ein fortschreitender Prozeß der Entrechtung der Frau . . .« Doch erklärt er diesen Prozeß damit, »daß in den häretischen Frauengemeinden die Frauenwirksamkeit vielfach nicht genügend diszipliniert war«. Damit übernimmt Heiler teilweise die Argumente der Gegner des Frauenamtes.
43 Vgl. meine Artikel: The Quest for the Johannine School: The Apocalypse and the Fourth Gospel, NTS 24 (1977) und: Apocalyptic and gnosis in the Book of Revelation and Paul, JBL 92 (1973) 565-581; die Anklage der »Hurerei« wird später allen Häretikern vorgeworfen. Vgl. K. Thraede, Art: Frau, in: RAC VIII (1973) 254-266; L. Zscharnack, Der Dienst der Frau in den ersten Jahrhunderten der christlichen Kirche, Göttingen 1902, 78ff.
44 De Praescriptione (4,5 CCL 1,p. 221.13;) und De baptismo (17,4; CCL p. 291), vgl. auch J. K. Coyle, The Fathers on Women, 67ff.
45 Hieronymus I. 48 (MPL 23, 260ff). auch K. Thraede, aaO. 262.
46 Vgl. W. Munro, Patriarchy and Charismatic Community in Paul, in: P. Romero (Hg.), Women and Religion, Missoula ²1974, 189-98; W. O. Walker, 1Cor 11:2-16 and Paul's View Regarding Women, JBL 94 (1975) 94-110, argumentieren für einen späteren Einschub. Vgl. aber dagegen J. Murphy – O'Connor, The Non-Pauline Character of 1Cor 11:2-16? JBL 95 (1976) 615-621.
47 Für die Annahme, daß diese Stelle sekundär ist, vgl. den Überblick und Diskussion in: G. Fitzer, Das Weib schweige in der Gemeinde (ThE 110), München 1963.
48 Für die umfangreiche Diskussion zur Stellung des Paulus zur Frau vgl. die bib-

liographischen Angaben in meinem Beitrag: »Women in the Pre-Pauline and Pauline Churches«.
49 Da man dann gewöhnlich annimmt, daß Paulus jüdische oder judenchristliche Gemeindestrukturen einführen will, identifiziert man diese reaktionäre Haltung mit dem Judentum. Vgl. jedoch die Kritik von J. Plaskow, Christian Feminism and Antijudaism, Cross Currents 26 (1978) 306-309.
50 Vgl. z. B. W. Schmithals, Die Gnosis in Korinth (FRLANT 66), Göttingen 1956, 227 Anm. 1; W. A. Meeks, The Androgyne, 180ff. und R. Scroggs, Paul and the Eschatological Woman Revisited, JAAR 42 (1974) 536.
51 E. Käsemann, Zum Thema urchristlicher Apokalyptik, in: ders., Exegetische Versuche und Besinnungen II, Göttingen ²1965, 125.
52 Vgl. J. E. Crouch, The Origin and Intention of the Colossian Haustafel (FRLANT 109), Göttingen 1972, und die dort diskutierte Literatur; W. Leslie, The Concept of Woman in the Pauline Corpus (Ann Arbor: Univ. Microfilms International 1976), 188-237.
53 Vgl. meinen Beitrag: Interpreting Patriarchal Traditions, in: L. Russel (Hg.), The Liberating Word, Philadelphia 1976, 39-61; J. P. Sampley, And the Two Shall Become One Flesh, Cambridge 1971.
54 Vgl. die ausgezeichnete Analyse von D. Balch, »Let Wives be Submissive . . . The Origin and Apologetic Function of the Household Duty Code (Haustafel) in: 1 Peter (Ann Arbor: University Microfilms International, 1974).
55 Für die Literatur zur Stelle vgl. W. Leslie, aaO. 238-333.
56 Vgl. S. Roth Liebermann, The Eve Motif in Ancient Near Eastern and Classical Greek Sources (Ann Arbor: Univ. Microfilms International, 1975).
57 1Tim 3,5.15; Tit 1,7. Vgl. auch A. Sand, Anfänge einer Koordinierung verschiedener Gemeindeordnungen nach den Pastoralbriefen, in: J. Hainz (Hg.), Kirche im Werden, Paderborn 1976, 215-237, 220: »So werden etwa die Haustafeln, die sonst nur auf ›natürliche Stände‹ bezogen sind, in 1Tim 3,15 auf das ›Haus Gottes‹, die Gemeinde übertragen.«
58 Für eine positive Interpretation dieser Entwicklung vgl. jedoch W. Schrage, Zur Ethik der Neutestamentlichen Haustafeln, NTS 21, 1974, 1-22, »Christen sollen auch als Ehemänner und -frauen, als Väter und Kinder, als Herren und Sklaven ihre nova oboedientia bewähren, auch wenn die Sozial- und Gesellschaftsstruktur dadurch weder christlich gemacht noch gar durch sie das Heil erwartet wird . . . Gewiß, die Sozialgebilde werden nicht destruiert, aber sie werden auch nicht als starre Institutionen sanktioniert oder mit einem ›Nimbus der Unverletzlichkeit‹ umkleidet, sie werden vielmehr im Blick auf den Kyrios und im Licht der Agape kritisch geprüft, übernommen, u. U. auch verschärft, oder aber verwandelt und zurechtgerückt, sie werden aber vor allem zur Chance und zum Ort der am Kyrios orientierten Liebe« (22). Doch scheint Schrage keinen Raum für eine zur Gesellschaft alternative kirchliche Struktur und Institution zu haben, da eine Milderung und Beschränkung der patria potestas durch die Liebe und Christus-Konformität doch immer auch die theologische Legitimation der patria potestas beinhaltet.
59 Diese Patriarchalisierung der Urkirche hat E. Tröltsch m. E. treffend mit dem Ausdruck »Liebespatriarchalismus« bezeichnet, da der christliche Patriarchalismus

»durch die Wärme der Liebe seine besondere Färbung erhält«. Doch besteht er in »der willigen Akzeptierung der gegebenen Ungleichheiten und ihrer Fruchtbarmachung für die ethischen Werte der persönlichen Aufeinanderbeziehung« (Die Soziallehren der christlichen Kirchen und Gruppen I, Tübingen 1923, 67f). Doch wäre zu fragen, ob es sich nur um eine Akzeptierung gegebener Ungleichheiten handelt oder ob der christliche Patriarchalismus diese Ungleichheiten wieder einführt.
60 Vgl. G. Theissen, Soziologie der Jesusbewegung (ThE 194), München 1977, ders., Soziale Schichtung in der Korinthischen Gemeinde. Ein Beitrag zur Soziologie des hellenistischen Urchristentums, ZNW 65, 1974, 232-272, ders., Die Starken und Schwachen in Korinth, EvTh 35, 1975, 155-172. Doch identifiziert Theissen vorschnell das Ethos der hellenistischen Gemeinden mit dem paulinischen Liebespatriarchalismus.
61 Vgl. auch G. Gutierrez, Where Hunger is, God is Not, The Witness (April 1977) 6: »Human history has been written by a white hand, a male hand, from the dominating social class. The perspective of the defeated of history is different. Attempts have been made to wipe from their minds the memory of their struggles. This is to deprive them of a source of energy, of an historical will to rebellion.«
62 V. Turner, The Ritual Process: Structure and Anti-Structure, Chicago 1969, 177, unterscheidet zwei entgegengesetzte soziale Modelle. Das eine »is of society as a structure of jural, political, and economic positions, offices, statuses and roles . . . The other is of society as a communitas of concrete, idiosyncratic individuals, who, though differing in physical and mental endowment, are nevertheless regarded as equal in terms of shared humanity . . .«
63 Vgl. auch E. u. F. Stagg, Woman in the World of Jesus, Philadelphia 1978, 102.
64 M. Hengel, Maria Magdalena und die Frauen als Zeugen, in: O. Betz-M. Hengel – P. Schmidt (Hg.), Abraham unser Vater. Festschrift O. Michel, Leiden 1963, (243-256) 246.
65 Vgl. N. Perrin, What is Redaction Criticism?, Philadelphia 1971, für die Diskussion dieser Kriterien.
66 Vgl. R. E. Brown, Roles of Women in the Fourth Gospel, in: Theological Studies (688-699) 692 Anm. 12: »The tradition that Jesus appeared first to Mary Magdalene has a good chance of being historical . . . The priority given to Peter in Paul and Luke is a priority among those who became official witnesses to the resurrection.« Die Vatikanische Erklärung gegen das Priestertum der Frau behauptet, daß die Frauen zuerst den Auferstandenen gesehen haben und den Auftrag erhielten, die Osterbotschaft den Aposteln zu verkünden, damit diese die »offiziellen« Zeugen der Auferstehung werden konnten.
67 Vgl. G. Theissen, Soziologie der Jesusbewegung, und R. Scroggs, The Earliest Christian Communities as Sectarian Movement, in: J. Neusner (Hg.), Christianity, Judaism and Other Graeco-Roman Cults II, Leiden 1975, 1-23; J. A. Wilde, The Social World of Mark's Gospel, in: SBL Seminar Papers 1978 II, Missoula 1978, 47-70; J. G. Gager, Kingdom and Community.
68 M. Völkel, Freund der Zöllner und Sünder, ZNW 69, 1978, 1-10; L. Schottroff, Das Magnifikat und die ältesten Traditionen über Jesus von Nazareth, EvTh 38, 1978, 298-312.

69 Mk 9,35; 10,41-45; Mt 18,4; 20,25-28; 23,11; Lk 9,48d; 22,24-27. Nach Billerbeck, Kommentar IV, 722ff, sind Sklave und Frau gleichgestellt.
70 P. Hoffmann – V. Eid, Jesus von Nazareth und seine christliche Moral (Quästiones Disputatae 66), Freiburg 1975, 199f.
71 H. D. Betz, Spirit, Freedom and Law. Paul's Message to the Galatian Churches, Svensk Exeg. Arsbok 39, 1974, 145-160.
72 Dieses Mißverständnis beruht oft darauf, daß die Exegeten nicht genügend biologisches und soziologisches Geschlecht unterscheiden. Für die Differenzierung vgl. A. Oakley, Sex, Gender and Society, New York 1972, und die dort verarbeitete Literatur.
73 Vgl. die Belege in: D. Balch, Let Wives be Submissive . . ., 115-133.
74 Das Verhältnis zwischen den Genossenschaften oder Collegien und den Hausgemeinden bedarf einer weiteren Untersuchung. Vgl. A. J. Malherbe, Social Aspects of Early Christianity (Baton Rouge Louisiana State Univ., 1977, 92).
75 Für den 1. Petrusbrief vgl. D. Balch, aaO. 196-236.
76 Vgl. H. M. Baumgartner, Kontinuität und Geschichte. Zur Kritik und Metakritik der historischen Vernunft, Frankfurt 1972, 218: »Historisches Wissen bewegt sich vielmehr im Spielraum von prospektiver Antizipation und retrospektiver Konstruktion, der auf je gegenwärtige Lebenspraxis geschlüsselt ist.«

Luise Schottroff

Frauen in der Nachfolge Jesu
in neutestamentlicher Zeit

I. Zur Situation der Frauen in der Gesellschaft des Römischen Reiches im 1. Jahrhundert n. Chr.

a) Die Frau mit Vermögen

Reiche, faktisch unabhängige Frauen sind in der Oberschicht des Römischen Reiches in allen Regionen eine gängige Erscheinung. Trotz Unterschieden in ihrer rechtlichen Situation ist die soziale Realität relativ einheitlich, und trotz mancher rechtlicher Beschränkungen ist die faktische Situation dieser Frauen nahezu unbeschränkt freizügig[1]. Überall gibt es in dieser Zeit Frauen, die Vermögen besitzen, selbständig verwalten und als Unternehmerinnen Vermögen erwerben, auch während einer bestehenden Ehe. Die reiche Geschäftsfrau und Priesterin Eumachia in Pompeji kommt aus einer mächtigen pompejanischen Familie. Sie besaß in zentraler Lage ein Gebäude mit 40 m breiter Front[2]. Sie war keine Einzelerscheinung. In Dokumenten aus dem Geschäftsleben auf Papyrus tauchen durchaus häufig Unternehmerinnen auf, z. B. die Vermieterin eines großen Geschäftshauses (Ägypten 13 v. Chr.)[3], oder Frauen, die Land verpachten[4]. Auch Jüdinnen in Ägypten sind Viehbesitzerinnen, Land- und Weinbergsbesitzerinnen[5]. Sueton erwähnt Frauen in Rom, die Handelsschiffe bauen[6]. Als repräsentativ für die Rolle der Frauen in den führenden Familien des Römischen Reiches kann man die Erzählung von Herodias Mk 6,14-29 ansehen. Ähnliches, was hier von einer Frau der herodianischen Familie berichtet wird, berichten die Historiker des ersten Jahrhunderts vielfach von Frauen der römischen Oberschichtfamilien. Sie stammen aus der Schicht, in der sie auch heiraten. Sie heiraten mehrfach, oft in einer schnellen Abfolge von Scheidung und Wiederheirat. Sie benutzen ihre Ehen und ihre Männer zum Ausbau ihres Einflußbereiches, und sie schrecken nicht zurück vor dem Anblick des abgeschlagenen Kopfes eines Menschen, der sich ihnen in den Weg gestellt hat. So läßt sich die Geschichte von Herodias in vielen Details etwa mit der der Sabina Poppaea vergleichen. In ihrer letzten Ehe war sie die Frau des Kaisers Nero und auf dem Höhepunkt ihres Erfolges brachte man ihr das abgeschnittene Haupt ihrer Vorgängerin bei Nero, der ermordeten Octavia, gegen deren Verstoßung durch Nero das römische Volk aufrührerisch protestiert hatte[7]. Wenn man die hier vorliegende Ausnahmesituation der Ehe mit einem Mann der politischen Führung einmal außer Betracht läßt, die Frauen der Oberschicht waren – auch ohne Gleichberechtigung im juristischen Sinne – an den Früchten der Macht und der selbständigen Gestaltung des Wohlstandes voll beteiligt. Selbst für ihre Brutalität darf Herodias als repräsentativ gelten, ohne daß hier nun behauptet werden soll, *alle* Frauen der römischen Oberschicht seien grausam gewesen. Der in dieser Frage unverdächtige Zeuge Ovid ermahnt die Frauen: »Laß auch die Sklavin in Ruh; ich hasse das Weib, das den Mägden kratzt ins Gesicht und den Arm ihnen mit Nadeln zerstichst«[8].

Die Erzählung Mk 6,14-29 ist also eine Geschichte aus dem Leben (der Oberschicht). Nimmt man die selbständigen und angesehenen Frauen, von denen Lukas berichtet (s. u.), hinzu, so läßt sich feststellen, daß das Neue Testament auch in der Frage der Freizügigkeit der vermögenden Frauen einen Eindruck von der gesellschaftlichen Realität vermittelt, der sich mit dem Bild deckt, das sich aus profanen Quellen ergibt.

Ob man nun das relativ freizügige Leben selbständiger Geschäftsfrauen und der Frauen der reichen und mächtigen Familien als Ausdruck einer Frauenemanzipation auffaßt, ist Geschmackssache und hängt davon ab, wie man diesen Begriff inhaltlich füllt. Dokumente, die von Frauen selbst stammen, gibt es sozusagen nicht. Insofern sind auch diese Damen der Gesellschaft »silent women«[9]. Andererseits verfügen sie oft über eine ähnliche Bildung wie die Männer ihrer Gesellschaftsschicht[10], sie praktizieren wahrscheinlich Empfängnisverhütung[11], sie verfügen selbst über ihre Körper in einer beträchtlichen sexuellen Freizügigkeit, sie verfügen über ihre Vermögen (und ihre Sklaven, s. o.). Die endlosen moralischen Klagen römischer Männer über die sexuelle Hemmungslosigkeit der Frauen[12] und vor allem das in ethischer Literatur geforderte Frauenverhalten zeigen, daß diese sog. Emanzipation römischer Frauen zwar ein Produkt des allgemeinen Wohlstandes dieser Herrenklasse, die die Welt beherrscht hat, ist, daß aber das Bewußtsein der meisten Männer und der Moralisten diese Emanzipation nicht mitgemacht hat. Der Darstellung der sexuellen Freizügigkeit der Frauen steht in den literarischen Zeugnissen ein extrem unemanzipiertes Frauenideal gegenüber. Selbst der aufgeklärte Philosoph Musonius, der die These vertritt, Töchter sollten ähnlich wie Söhne erzogen werden, stellt sich dann unter der idealen Frau, nachdem sie Philosophie studiert hat, die besonders tüchtige Hausfrau im Sinne des römischen Ideals vor: Sie dient dem Mann, verwaltet den Haushalt, kurz, sie sitzt am Spinnrad[13]. Konservativere Moralisten verbinden mit der Verbreitung des nostalgischen Frauenideals wütende Äußerungen über emanzipierte Frauen. Über eine Frau, die dauernd ihre eigenen Angelegenheiten juristisch vertrat, sagt Valerius Maximus, sie sei eine freche Person gewesen, eine Prozeßkrämerin. Er notiert dann ihr Sterbedatum und kommentiert es: »Es verdient eher Geschichtsüberlieferung, wann ein solches Monstrum gestorben ist, als wann es geboren wurde«[14]. Die ideale Frau ist auch für ihn nur einmal im Leben verheiratet[15], Kinder sind ihr schönster Schmuck[16], und sie weiß ihre Unterordnung unter den Mann gebührend auszudrücken.

Die Wirklichkeit des römischen Lebens sieht anders aus. Die Römer – klagt Valerius Maximus – pflegen die gute Sitte, daß Männer zu Tische liegen, während Frauen auf Stühlen sitzen, nur noch in ihren Vorstellungen von den Göttern: Jupiter liegt auf dem Polster und Juno wird ein Stuhl angeboten. In den römischen Wohnungen jedoch sieht es anders aus, »vielleicht weil sich die Göttinnen die strenge Sitte eher gefallen lassen als die Ehefrauen«[17]. Der Widerspruch zwischen den ethischen Vorstellungen von der idealen Frau und der Wirklichkeit – wie er von Thraede (s. o. Anm. 1) besonders deutlich herausgearbeitet wurde – läßt sich auf vielen Ebenen des Lebens feststellen. Plutarch empfiehlt der jungen Ehefrau, keine eigenen Gefühle zu haben, nur die ihres Mannes, und dieselben Götter wie der Mann zu haben[18]. Viele Frauen der Oberschicht haben sich jedoch im Widerspruch zu solcher Empfehlung für orientalische Religionen engagiert, die manchen Männern und oft auch der Führung des Staates suspekt waren, vor allem für das Judentum, für die Isisreligion und dann für das beginnende Christentum[19]. Es gibt reichlich Belege dafür, daß Frauen andere Religionen haben als ihre Männer. Man kann dieses religiöse Engagement als weibliche Unabhängigkeit werten oder auch als Versuch einer Selbstverwirklichung, die Frauen der Oberschicht trotz ihrer Freizügigkeit eben doch grundsätzlich nicht möglich war. Der Widerspruch zwischen der Ideologie von der sittsamen Frau und der sehr viel freizügigeren Praxis der vermögenden Frauen ist jedenfalls kein harmloses Geplänkel zwischen den Geschlechtern. Die Ideologie der Sittsamkeit ist vielmehr in Zusammenhang mit der Ideologie des römischen Staates zu bringen.

b) Freiheitsbeschränkung von Frauen im Interesse des Staates

Das politische Interesse an der »Sittsamkeit« der Frauen ist im ersten Jahrhundert durchweg zu beobachten. Die Ehe- und Familiengesetzgebung des Augustus war in Geltung[20]. Der Staat versuchte – wenn auch wohl mit wenig Erfolg – darauf Einfluß zu nehmen, daß mehr Ehen in der Oberschicht geführt würden, mehr Kinder aufgezogen würden und die streng und sittsam organisierte Familie die Basis der römischen Macht sei. Aus dem breiten Reformprogramm des Augustus und seiner Fortführung im ersten Jahrhundert soll hier nur der Aspekt, der speziell die politischen Zusammenhänge der Ideologie der Frauenrolle betrifft, behandelt werden. Es ging um Bevölkerungspolitik und damit auch um die Sicherung der Macht, die Aufrechterhaltung der staatlichen Ordnung.

Valerius Maximus formuliert wieder besonders eindeutig: Darf eine Frau eine öffentliche Rede halten? Nein, wenn die väterliche Sitte (patrius mos) – d. h. die staatliche Verfassung – eingehalten wird. Erst wenn die Ruhe des Staates durch Aufruhrwogen erschüttert wird, kommt es zu solchen für sittsame Frauen nur peinlichen Situationen[21].

Ebenso deutlich läßt sich der Zusammenhang von staatlicher Ordnungspolitik und Ideologie der Frauenrolle im Werk Ovids erkennen. Seine Ars amatoria, Anweisung zur Liebeskunst, die durchaus

Frauen in der Nachfolge Jesu in neutestamentlicher Zeit

nicht innerehelich vorgestellt wird, hat mit dazu beigetragen, daß Ovid im Zusammenhang einer moralischen Säuberungsaktion im Jahre 8 v. Chr. von Augustus verbannt wurde[22]. Daß Ovid sich des politischen Problems bei der Abfassung der Ars amatoria bewußt war, zeigt die im Textzusammenhang heterogene Schutzbehauptung (1,31ff): »Hauptumwallende Binde sei fern, du Zeichen der Keuschheit, und du langer Besatz, der du die Füße verhüllst. Sicheren Liebesgenuß und gestatteten Raub nur besing' ich; Nirgend in meinem Gedicht wird ein Verbrechen gelehrt«[23]. Die sittsame freigeborene Ehefrau mit den Symbolen ihrer Ehrbarkeit – einer Kopfbedeckung aus Haarbinden (vittae) und Saumverzierung – soll weghören. Das Buch sei natürlich keine Anleitung zum Verbrechen, d. h. zum Ehebruch mit einer freien verheirateten Frau bzw. zur Unzucht mit einer freien unverheirateten Frau oder Witwe. Auch am Schluß beteuert Ovid noch einmal: »nicht stör' ich der Gattin Bewachung, das ist in Ordnung, so will's Sitte und Brauch und Gesetz« (3,611 ff). Der politische Druck war beträchtlich, wie diesen Schutzbehauptungen zu entnehmen ist. Die Frauen der kaiserlichen Familie hatten die Ehrbarkeit, die der Staat von den Frauen verlangte, öffentlich zu repräsentieren, obwohl sie privat sich durchaus nicht immer an diese Normen hielten. Selbst für Livia, die politisch aktive und mächtige Frau des Augustus, läßt sich die Doppelmoral beobachten. Ihr Auftreten in der Öffentlichkeit bis hin zu ihrer Kleidung entsprach zweifellos den Vorstellungen des Augustus[24] und repräsentierte die Sittenreinheit im häuslichen Leben, die »dem alten Brauchtum« entsprechen sollte. Ihre Liebesgeschichte vor ihrer Ehe mit Augustus wird dieser Moral kaum entsprochen haben, da sie während einer bestehenden Ehe der Livia begann – und Livia auch noch schwanger war[25].

Sie war gewiß auch nicht die ihrem Mann gehorsame Ehefrau, die sie der Moral nach hätte sein sollen[26]. Auch Sabina Poppaea scheint in der Öffentlichkeit besonders sittsam – mit halb verschleiertem Gesicht – aufgetreten zu sein trotz ihres emanzipierten Lebenswandels[27].

Der politische Zusammenhang der im römischen Staat propagierten Frauenideale, für den noch weiteres Material vorliegt[28], ist so evident, daß man selbst Grabsteine, auf denen häufig diese Ideale aufgezählt werden, nicht als naive Dokumente privaten Lebens ansehen kann. »Sie war eine unvergleichliche Gattin, eine gute Mutter, eine verehrungswürdige Großmutter, züchtig, fromm, arbeitsam, brav, energisch, wachsam, besorgt, nur eines Mannes treue Frau, eine Hausmutter voll Fleiß und Verläßlichkeit«[29]. Mit diesem Stein ist den zahlreichen öffentlichen Bekenntnissen zur staatlichen Ordnung ein weiteres hinzugefügt worden.

Die »Emanzipation« der römischen Frauen der Oberschicht ist also eine zwiespältige Erscheinung. Auf der einen Seite hat der Wohlstand den Frauen große Möglichkeiten eröffnet, auf der anderen Seite versuchten die Träger der staatlichen Ordnung diese Freiheiten zurückzudrängen und sie zu bekämpfen mit einer rückwärtsgewandten Ideologie. Der Zwiespalt ist nicht aus der ökonomischen Situation der römischen Oberschicht verständlich. Xenophon (ca. 430-354 v. Chr.) beschrieb in seiner Ökonomielehre einen Großgrundbesitzer, der seine junge Frau selbst zur Verwalterin seines Hauses ausbildet. Sie hat die Kinder aufzuziehen und die im Hause anfallende Arbeit zu überwachen. Er selbst hat einen Verwalter, der aber von ihm ausgebildet wurde und mit dem er zusammenarbeitet[30]. Columella schrieb dann im 1. Jahrhundert n. Chr. ein Lehrbuch über den Ackerbau, in dem Verhältnisse seiner Zeit vorausgesetzt werden, die sehr viel weiträumiger sind. Die Großgüter der römischen Oberschicht in dieser Zeit umfaßten u. U. ganze Landstriche. Der Besitzer wohnt in der Stadt und sieht allenfalls hin und wieder auf seinem Besitz nach dem Rechten. Die Bewirtschaftung des Gutes ist Sache von Pächtern und Verwaltern (s. besonders I,8). Es ist unter solchen Bedingungen klar, daß für alle Arbeiten, die im Haus anfallen, eine Verwalterin angestellt werden muß (XII, 1ff), wie auch schon mehrere Generationen früher bei Cato (De agri cultura 10-11). Obwohl Columella die Ursache für diese Veränderung gegenüber Xenophons Ökonomie ausspricht (die Besitzer wohnen nicht mehr auf dem Gut) und auch ausspricht, daß diese Veränderung *beide* Geschlechter betrifft, kann er es doch nicht lassen, die Faulheit und Verwöhntheit der Römer*frauen* anzugreifen, »da allgemein jener alte Geist sabinischer und römischer Gutsherrinnen nicht nur aus der Mode gekommen, sondern gänzlich dahingeschwunden ist«[31]. In Wirklichkeit wird im Gutsbetrieb nicht einmal mehr die Kleidung der Sklaven vollständig selbst produziert[32] – Columella jedoch wirft der

Frauen in der Nachfolge Jesu in neutestamentlicher Zeit 97

Gutsherrin vor, daß sie nicht mehr das »lanificium«, die Wollarbeit, ausführe.
Die Schärfe und Verbreitung dieser – zunächst gegen die Frauen der Oberschicht gerichteten – Disziplinierungsversuche ist erstaunlich. An Columella läßt sich deutlich erkennen, daß reale ökonomische Gründe für diese Forderungen an die Frauen nicht vorliegen. Denn schon seit Generationen funktioniert ja das von ihm beklagte System gut. Sein Buch ist – als Anweisung zur Verwaltung von Großgütern – selbst ein Beweis dafür. Die Ursache für die starke öffentliche Betonung der traditionellen Frauenrolle ist die im Römischen Reich bei den führenden Männern verbreitete Furcht vor politischen Gefährdungen der staatlichen Ordnung. Cato (bei Livius) argumentiert auch explizit politisch in dieser Sache, er spricht von seditio und secessio, Aufruhr und Sich-absondern (Livius 34,5,5), weil Frauen gemeinsam und öffentlich für eine sie betreffende Angelegenheit eintreten. Valerius Maximus kommt auf diesen Vorgang zurück (IX, 1,3). Er klagt, die Männer damals hätten eben nicht geahnt, »wo sich diese Kühnheit, die einmal Siegerin über die Gesetze wurde, ein Ziel setzen möchte«. Ein stoischer Philosoph im 2. Jahrhundert v. Chr. spricht von »Anarchie«, die sich dadurch ausbreitet, daß die Männer nicht heiraten und dann ihre Ehefrauen streng zu ihrer Frauenrolle erziehen wollen[33]. Der politische Hintergrund des offiziellen römischen Frauenideals wird auch bei Konflikten zwischen Christen und dem römischen Staat im 2. Jahrhundert n. Chr. deutlich. Aus einem Brief des Plinius d. J. an Trajan geht hervor, daß in den Verhören von Christen oder ehemaligen Christen sowohl die Frage, ob sie Verbrechen begehen, als auch die Frage, ob ihre Versammlungen staatsgefährdend sind, verhandelt wurden[34]. Politische Vergehen und Verbrechen sind dabei nicht gegeneinander abgegrenzt. Unter den Verbrechen spielen auch adulteria, Ehebrüche, eine Rolle. Vermutlich ist der Katalog der (nicht begangenen) Verbrechen nicht von den Befragten, sondern von der römischen Behörde definiert. Die Befragten sind, wie man dem Gesamtzusammenhang des Briefes entnehmen kann, mit großer Wahrscheinlichkeit keine römischen Bürger. So wird man folgern können, daß die Beteuerung, keine Ehebrüche begangen zu haben, nicht allzufern von der Beteuerung der Loyalität dem Staat gegenüber angesiedelt ist und daß der Per-

sonenkreis, dem gegenüber die strenge öffentliche Moral Roms gesetzlich galt, sehr viel weiter gefaßt ist als es zunächst bei der Ehegesetzgebung des Augustus der Fall war. Die Verleumdung wegen sexuellem Libertinismus und Verstößen gegen Inzestvorschriften dient auch nach dem Zeugnis des Athenagoras dazu, Behörden zu besonders scharfem Vorgehen gegen Christen zu veranlassen[35].

c) Die arbeitende und die arme Frau

Die meisten Menschen im Römischen Reich waren hart arbeitende oder gar arme Leute. Es ist jedoch – wegen der mageren Quellen über sie – sehr viel schwieriger, über ihre Situation etwas zu erfahren als über die der Reichen. Über die Frauen, die in Bergwerken, der Landwirtschaft und niederen Dienstleistungsberufen arbeiteten, ist dann immer noch schwerer Information zu erhalten als über die Männer in der entsprechenden Situation. Es hat in der Tat auch Frauen unter den Elendsten – den Bergwerkssklaven – gegeben[36].
Auch in der Landwirtschaft haben Frauen gearbeitet. Mehr am Rande wird dies bei Columella deutlich. Wo er über die gewünschte Beschaffenheit der Sklaven, die auf dem Feld arbeiten, spricht, erwähnt er die Frauen nicht. Auch die Darstellung der verschiedenen landwirtschaftlichen Arbeiten erweckt den Eindruck, als werde die Landarbeit nur von Männern verrichtet. Dann allerdings bei den Aufgaben für die villica, die Verwalterin, heißt es: »Um aber Frauen an Regentagen oder wenn sie bei Kälte oder Reif nicht im Freien Feldarbeit verrichten können, mit Wollarbeit zu beschäftigen, soll auch gekrempelte Wolle im Vorrat sein, damit sie so durch Spinnen und Weben leichter ihre Zeit abarbeiten . . .«[37]. Diese Stelle zeigt nicht nur, daß Frauen auf dem Feld arbeiten, sondern auch, daß die spezifische Frauenrolle, um die es in den Tugendidealen für Frauen geht, jedenfalls nicht auf Sklavinnen angewendet wird. Denn kurz vorher sagt Columella (wie viele andere vor ihm und nach ihm): Die Gottheit habe dem Manne bestimmt »Hitze und Frost zu ertragen, Wege und Mühsal auf sich zu nehmen in Frieden und Krieg, in Landwirtschaft und Heeresdienst«; der Frau dagegen sei die Sorge für die häuslichen Geschäfte zugewiesen[38]. Aus Columella läßt sich zusätzlich eine Hypothese be-

gründen: Wenn über Sklavenarbeiten – und vermutlich auch über harte, niedrige Arbeit freier Menschen – geredet wird, werden Frauen nicht eigens erwähnt, auch wenn sie beteiligt sind. Die Differenzierung der Geschlechter wird aus der Optik der Schriftsteller in solchen Fällen offensichtlich nebensächlich[39]. Deshalb erfährt man auch nur zufällig, daß sogar unter den gefesselten Sklaven in der Landwirtschaft Frauen gewesen sein müssen[40]. Die italienischen Verhältnisse, die Columella im Auge hat, sind kein Sonderfall. Man wird genauso für die Provinzen des Römischen Reiches, auch für Palästina, annehmen müssen, daß Frauen auf dem Feld arbeiten. Die Tatsache, daß es für solche Frauenarbeiten griechische Wörter gibt, spricht dafür: ἡ ἔριθος – Tagelöhnerin; καλαμητρίς – Ährensammlerin; θερίστρια – Schnitterin; Ποάστρια – Unkrautjäterin; τρυγήτρια – Helferin im Weinberg; φυγανίστρια – Holzsammlerin[41]. Auch jüdische Frauen haben auf dem Feld gearbeitet[42].

Das Material über Frauenarbeiten im Dienstleistungsbereich ist leichter zu beschaffen, da vor allem Grabinschriften diese Arbeit breit dokumentieren. Frauen handeln mit Gütern des täglichen Bedarfs: Nägeln, Blei, Bohnen, Parfüm, Fisch, Gerste. Sie sind Bäckerin, Konditorin, Kneipenwirtin, Seidenweberin, Friseuse, Kalkbrennerin, Salberin, Stenographin und immer wieder Hebammen und Ärztinnen (Ärztinnen sind wohl von Hebammen kaum zu differenzieren)[43]. Innerhalb der familia reicher Männer oder Frauen arbeiten zahlreiche Sklavinnen oder Freigelassene im engeren häuslichen Dienstleistungsbereich[44].

Frauenlöhne zu bewerten gelingt am besten dort, wo sie in Relation zu Männerlöhnen auftauchen. Ein Papyrus aus Ägypten (3. Jahrhundert v. Chr.) enthält eine Eingabe einer Gruppe von Webern mit der Bitte um Lohnerhöhung. Sie kommen mit dem Stücklohn von 3 Drachmen für ein Stück Leinen nicht mehr aus. »Es gehören zu jedem Stück Leinen drei Männer und eine Frau und in 6 Tagen schneiden wir es fertig ab ... gib jedem von uns 1 1/2 Obolos, der Frau 1/2 Obolos ...«[45]. Vermutlich teilen sie den Stücklohn in derselben Relation, so daß die Frau ein Drittel des Männerlohnes verdient. Insgesamt scheint diese Arbeit sehr schlecht bezahlt zu sein. Die Lohnerhöhung bewegt sich in der Größenordnung eines zusätzlichen halben Brotes für die Frau im Zeitraum von 6 Tagen. Ein ähnliches Bild ergibt sich aus dem Maximaltarif Diocletians (301 n. Chr.). Eine Weberin für gerauhten Stoff bekommt 12 Denare Tageslohn und Beköstigung und bei feinerem Stoff 16 Denare. Der Leinenweber bekommt für »geringere Arbeit« neben der Kost 20 Denare – das ist neben dem Hirten der schlechtest bezahlte Männerberuf. Ein Leinenweber für feinere Stoffe verdient 40 Denare gegenüber 16 für eine Frau, die dieselbe Arbeit leistet[46]. »Bemerkenswert ist dabei, daß der Lohn der Weberin, auch wenn sie in Wolle arbeitet, Zeitlohn bleibt, obwohl der männliche Wollenweber auf Stücklohn gesetzt ist, daß sie weniger Lohnstufen hat und daß die Lohnunterschiede für feine und grobe Arbeit geringer sind als bei den männlichen Webern«[47]. Ein Hemd »von grobem Leinen zum Gebrauch der gewöhnlichen Frauen oder Sklaven«, dritte (= unterste) Qualität kostet zur gleichen Zeit 500 Denare (26,31-33), ein Modius (= 17,5 Liter) Gerste kostet 100 Denare (1,2).

Die Situation von Handwerksfrauen ist vor allem dadurch zu erkennen, daß sie bei Darlehensverträgen oft mit als Vertragspartner neben ihrem Mann auftreten und also auch für die Rückzahlung mithaften[48]. Das für die Ausbreitung des Evangeliums von Christus wichtige Handwerkerehepaar Prisca und Aquila sollte man sich wie andere Handwerkerehepaare ihrer Gesellschaft denken: Sie arbeiten gemeinsam. Im übrigen ist dies auch den neutestamentlichen Formulierungen (Apg 18,3) zu entnehmen. Paulus, Prisca und Aquila arbeiten gemeinsam als σκηνοποιοί. Wenn auch nicht völlig geklärt ist, welches Handwerk gemeint ist, so ist doch aus Bemerkungen des Paulus (1 Kor 4,12; 1 Thess 2,9) klar, daß es sich um eine anstrengende Handarbeit handelt[49].

II. Frauen in der Nachfolge Jesu

a) Frauen in der Jesusbewegung in Palästina

Das Lukasevangelium ist der einzige Text des Neuen Testaments, der Interesse an unserem Thema hat. Lukas erwähnt die Frauen in der Nachfolge Jesu schon in seinem Bericht über Jesu Wanderung durch Palästina (Lk 8,1-3; vgl. auch 10,38-42). Im Markus- und Matthäusevangelium jedoch tauchen die Frauen erst im Zusammenhang der Leidens- und Auferstehungsberichte plötzlich wie ›aus der Versenkung‹ auf: Nun wird nachgetragen, daß sie Jesus schon von Galiläa an nachgefolgt sind (Mk 15,40f; Mt 27,55f). In der markinischen und matthäischen Darstellung des Weges Jesu bis zu seinem Tode sind Frauen, die in der Nähe zu Jesus vorkommen, vor allem unter den Menschen, an denen Jesus Wunder tut (z. B. die Schwiegermutter des Petrus, die blutflüssige Frau).

Trotz dieser Quellenlage muß gerade das Lukasevangelium für unsere Frage besonders kritisch gelesen werden. Lukas hat nämlich ein für sein Evangelium sehr spezifisches Bild von der Rolle der Frauen für die Jesusbewegung, das an entscheidenden Punkten historisch nicht zutreffen wird: Er stellt sich vor, die Jünger hätten, um Jesus nachzufolgen, auch ihre Frauen verlassen (Lk 14,26; 18, 29); und er stellt sich vor, daß die Frauen, die Jesus auf seinem Wege folgen, wenigstens zum Teil aus vermögenden Kreisen stammen und die Jesusanhänger »aus ihrem Vermögen« unterstützen (Lk 8,3). Ihm liegt an der Ehelosigkeit der Jünger Jesu, die er sich wie asketische kynische Wanderprediger vorstellt[50]. Seine Vorstellung von vermögenden Frauen in der Nähe Jesu stammt nicht aus sonst verschütteten Traditionen über die Jesusbewegung, sondern aus späteren Erfahrungen der jungen Kirche in den Städten des Römischen Reiches außerhalb Palästinas (s. Apg. 16,14f; 17,4.12), die er in die Jesuszeit zurückprojiziert[51].

An der Tatsache, daß schon in der palästinischen Jesusbewegung Frauen mit Jesusjüngern umhergewandert sind, braucht man jedoch nicht zu zweifeln. Dafür spricht schon die Selbstverständlichkeit und Beiläufigkeit, mit der dieser Sachverhalt in Mk 15,40f und Mt 27,55f erwähnt wird. Einige weitere Rückschlüsse über diese Frauen und ihre Situation erlauben einerseits Texte der Logienquelle und der aus ihr erschließbaren ältesten Tradition über Jesus[52] und andererseits vormarkinische Traditionen.

In der Logienquelle wie in der aus ihr erschließbaren ältesten Jesustradition wird die Situation von Frauen in der Nachfolge Jesu nicht thematisiert, ihre Beteiligung wird jedoch stillschweigend vorausgesetzt. Wenn von »den Armen, den Blinden, den Lahmen« usw. geredet wird, sind damit Männer und Frauen gemeint. Man überlege, welche Groteske zustande kommt, wenn man die Armen in der Seligpreisung Jesu nur als arme *Männer* versteht. Männer und Frauen werden geheilt und folgen damit auch Jesus nach. Aus Mt 11,1-5, einem Text, der sowohl die Situation für die älteste Jesusbewegung als auch für die Zeit der Logienquelle umfassend beschreibt, wird man schließen können, daß in der Jesusbewegung in Palästina weder Personengruppen noch bestimmte Funktionen streng gegeneinander abgegrenzt werden. Frauen und Männer werden nicht gegeneinander abgegrenzt, die Gruppe der Kranken wird nicht gegen die der Armen abgegrenzt. Die Verkündigung des Evangeliums und die Heilung der Kranken gehören zusammen. Daß mit der Nachfolge Jesu in dieser Zeit auch jeder Jesusnachfolger die Aufgabe empfing, zu verkündigen und zu heilen, ist zu vermuten. Die Beauftragung der Jünger in dem alten Wort Mt 10,7f par. macht sie dadurch nicht zu einer exklusiven Gruppe, der Nachfolger Jesu ohne solche Beauftragung gegenüberstehen. Auch wenn hier schon von den »Zwölf« geredet worden sein sollte, so werden sie doch repräsentativ verstanden. Sie repräsentieren alle, die hinter Jesus hergehen. Man wird also aus Mt 11,2-5 par. schließen können, daß Lukas (in Lk 8,2) die Jesusbewegung in Palästina darin zutreffend beschreibt, daß Frauen Jesus nachfolgten und von ihm geheilt wurden. Man wird hinzufügen können, daß diese Nachfolge die Verkündigung der Botschaft vom Anbruch des Reiches Gottes mit einschloß.

Die Nichterwähnung der Frauen in der Nachfolge Jesu in den Texten, die sich auf die palästinische Jesusbewegung zurückführen lassen, ist aus der »Gleichberechtigung« zu erklären, die die Armut hervorruft. Das läßt sich am besten an den Hoffnungsinhalten dieser Bewegung erkennen. Die Not der Armen soll beendet werden, sie hoffen auf die mit Speisen beladenen Tische, die Gott ihnen bereiten wird, an denen sie satt werden (Lk 6,20f; Lk 1,53). Daß an Gottes Festmahl Frauen, Männer und Kinder teilnehmen, muß man dabei nicht eigens erwähnen, denn Frauen, Männer und Kinder teilen jetzt die gleiche Not. Erst in den paulinischen Gemeinden, in denen Bettelarmut nicht die bestimmende Not ist, wird die Aufhebung des Herrschaftsgefälles zwischen Mann und Frau zum Hoffnungsinhalt (Gal 3,28). Die Gleichberechtigung der Not läßt sich im übrigen auch aus der Situation der armen und arbeitenden

Frauen, die oben in Teil I dargestellt wurde, folgern. Selbst auf der »Flucht aus sozialen Gründen«[53], der Wanderung verarmter Menschen, trifft man nicht nur familienlose Männer (Hiob 24,5.12). Die Frauen der aufständischen Juden, die den Truppen Vespasians in Jerusalem von den Häusern herunter alles an den Kopf warfen, »was ihnen gerade in die Hand kam« (Josephus, Bell.jud. III 303), handelten ebenso in der Gleichberechtigung des Elends.

Die Verhältnisse der patriarchalischen Großfamilie sind für die armen Jesusnachfolger Vergangenheit. Sie haben ganz offensichtlich oft die Erfahrung gemacht, daß die Botschaft Jesu die Familien zerschneidet und daß die Nachfolger Jesu gezwungen sind, ihre Familien (d. h. die patriarchalische Großfamilie) zu verlassen (Mt 10,34-37 par.; Mt 8,21 par.). Sie empfinden die Zerstörung der Familien als Ausdruck apokalyptischen Elends, Zeichen des nahen Endes. Das Leben derer, die noch in vollständigen Großfamilien und einigem Wohlstand leben, kennen sie nur aus der Distanz: »Wie in den Tagen Noahs, so wird die Ankunft des Menschensohnes sein. Denn wie sie in den Tagen vor der Sintflut schmausten und tranken, heirateten und verheirateten (also ihre Töchter), bis zu dem Tage, an dem Noah in die Arche ging, und von nichts wissen wollten, bis die Sintflut kam und alle hinwegraffte, so wird die Parusie des Menschensohnes sein« (Mt 24,37-39 par.). In diesem sehr eindringlichen und anschaulichen Wort wird die gesamte Situation deutlich: die Jesusnachfolger stehen voller Entsetzen draussen vor den Häusern derer, die ein »normales« (d. h. gemessen an ihnen selbst ein »reiches«) Leben führen können, die Essen und Familien haben. Ahnungslosigkeit und Gleichgültigkeit drückt sich in diesem scheinbar normalen Leben aus. Die Jesusjünger und Jesusjüngerinnen haben vergeblich versucht, sie aufzuwecken, sie zu gewinnen, ihnen das nahe Gericht Gottes zu verkündigen. »Und ihr habt nicht gewollt« (Mt 23,37 par.). Hier sprechen Menschen, in deren Augen durch Armut und weitere Verarmungsperspektiven die Welt intakter Familien und ausreichender Nahrung als Ausdruck der Ahnungslosigkeit gegenüber der Wirklichkeit und der Zukunft erscheint. Geradezu verzweifelt versuchen sie, die tauben Ohren derer, die ihre Botschaft ablehnen, zu öffnen. Hinter diesem Text spürt man die entsetzte Frage, wie es kommt, daß Menschen so ahnungslos sein wollen. In der Tat muß in dieser Zeit schon einiger Egoismus und einige Gleichgültigkeit dazu gehört haben, so unberührt von der Wirklichkeit und der drohenden Zukunft zu leben: dem wirtschaftlichen Elend eines großen Teiles des jüdischen Volkes und der politischen Brisanz der Situation vor dem jüdisch-römischen Krieg. Die Jesusboten haben Umkehr gepredigt und miteinander ein Leben aus der Hoffnung auf Gott aufgebaut. Die Gemeinschaft, die aus der Hoffnung auf das Reich Gottes heraus aufgebaut wird, ist nicht die Familie, sondern die Gemeinsamkeit der Jüngerschaft, die familia Dei (s. Mk 3,31-35 parr.). Ehescheidungen scheinen aber – im Unterschied zur Zerstörung der Großfamilie – keine Rolle zu spielen, sie werden als Problem innerhalb der Gruppe der Jesusnachfolger nicht erwähnt[54]. Der Jünger, der seine Familie verläßt, verläßt seine Frau damit gerade nicht (s. Mt 10,34-37 par.; Mt 8,21 par., vgl. auch Mk 10,29 gegen Lk 14,26; 18,29). Männer, die aus sozialen Gründen nicht-seßhaft werden und die Familien am Wohnort zurücklassen, betrachten auch außerhalb der Jesusbewegung damit u. U. ihre Ehen nicht als aufgelöst[55], die Regel dürfte jedoch sein, daß Arme, die aus Not Frauen und Kinder zurücklassen, nicht mehr zurückkehren. So distanziert die Nachfolger Jesu das Leben in der Großfamilie sehen, so engagiert gestalten sie die Lebensgemeinschaft der familia Dei (s. nur Mk 10,42-45) und die Beziehung von Mann und Frau, die aber nicht im Rahmen einer Familienbildung verstanden wird. Auch in dieser Frage läßt sich das Bild, das die Logienquelle und die aus ihr erschließbare älteste Jesustradition ergibt, mit dem Bild zur Deckung bringen, das die vormarkinische Tradition vermittelt. Daß Scheidungen in der Logienquelle keine Rolle spielen, deckt sich mit der vormarkinischen Erzählung Mk 10,2-9. Die Beziehung zwischen einem Mann und einer Frau wird hier in der verlockenden Sprache einer Utopie dargestellt: Gott hat sie »vom Anfang der Schöpfung an« als zwei Menschen gemacht, deren Gemeinschaft die Alltagserfahrung (oder die Naturgesetze) aufhebt. Sie sind »nicht mehr zwei sondern *ein* Fleisch« (Mk 10,6-9). Die Verbindung als μία σάρξ blickt nicht auf die sexuelle Vereinigung, sondern auf die unzerstörbare Lebensgemeinschaft (s. V. 9.6 f und den Bezug auf die Scheidungspraxis). Die Schöpfung hat hier die Bedeutung, einen Hoffnungsinhalt auszudrücken. Es könnte wohl genauso gesagt werden, daß in der Königsherrschaft Gottes die zwei ein Fleisch sein werden. Das Leben, das in Gottes Hand entsteht (ob nun durch sein Handeln als Schöpfer oder als eschatologischer Herrscher über Israel), ist in den Augen der Jesusnachfolger von einer geradezu maßlosen Vollkommenheit. Diese von Armut gezeichneten Menschen schauen die Pflanzen an und freuen sich, daß ihr Leben und ihre Schönheit nur eine kleine Andeutung der Fürsorge Gottes ist, die ihnen selbst zukommt (Mt 6,25-33 par.). Sie leben mit ihren Frauen unter Bedingungen des Schmutzes, der Krankheit und Heimatlosigkeit und verstehen sich als Adam und Eva, als zwei gleichwertige Menschen im Sinne einer vollkommenen Schöpfung und Einheit. Dieser vollkommene Traum hat zweifellos auch ihr praktisches Leben gestaltet, wie wir auch sonst beobachten können, daß von ihnen die Hoffnungen in konkrete Praxis von Glückserfahrungen miteinander umgesetzt werden (etwa in den Krankenheilungen). Diese Praxis darf man sich allerdings nicht als ein Scheidungs*verbot* vorstellen, das den Mann, der eine Ehe aufgeben will, im Namen Gottes und Jesu zur Aufrechterhaltung der Ehe zwingen will. Das verbietet schon die positive Vorstellung der Gemeinschaft, die hier vorliegt, aber auch eine Überlegung zur realen Situation. Der Schöpfungswille Gottes wird in Mk 10,2-9 in Kontrast zur Realität seines Volkes gestellt. Das Scheidebriefgebot des Mose ist sinnvoll und notwendig im Blick auf die harte Wirklichkeit (Mk 10,5). Dieses Scheidebriefgebot wird auch nicht aufgehoben. Es wäre im übrigen das Schlechteste gewesen, was den Frauen hätte passieren können. Der Scheidebrief hatte schließlich die Bedeutung, der geschiedenen Frau gewisse finanzielle Zukunftsperspektiven zu sichern und ihr das Recht zu garantieren, daß sie eine neue Ehe eingehen darf. Man sollte also Mk 10,2-9 nicht als Scheidungsverbot zum Schutze der Frau vor Männerwillkür deuten. Ebenso wenig wie man den Text als Ausdruck christlicher Ehevorstellungen im Kontrast zu jüdischer Praxis verstehen sollte. Israel als ganzes ist der Adressat, Israel als ganzes praktiziert die Hartherzigkeit. Das Ziel der Hoffnungen, die in diesem Text zum Ausdruck kommen, – und das Ziel der Praxis der Jesusboten – ist der Wiederaufbau der Schöpfung als das Heil *ganz* Israels. Die Jesusboten verstehen sich selbst als Juden, die Gottes Willen für ganz Israel ausdrücken. Und: Der Text ist durchaus nicht die Magna Charta einer christlichen Ehe- und Familienethik in dem Sinne, daß der primäre Sinn der Familie die Aufzucht von Kindern ist. Gen 1,28 (»seid fruchtbar und mehret euch«) wird hier gerade nicht zitiert, und es wird nicht einmal dazu aufgefordert, Ehen einzugehen.

Die unterschiedliche Situation von Frauen und Männern ist also kein Thema der Jesusbewegung in Palästina, weil die Gleichberechtigung des Elends und die Gleichberechtigung, die aus der Hoffnung auf das Reich Gottes kommt, die Erfahrungen bestimmt. Allenfalls in *der* Form wird auf die besondere Lage von Frauen eingegangen, daß Frauenschicksale dargestellt werden, die das Elend der Armen noch zusätzlich verschärfen: Das der Dirnen und der »blutflüssigen Frau«. Das Schicksal der Dirnen ist vor allem Folge der Armut oder auch der Unfreiheit. Mt 21,31 ist eine Art Seligpreisung der Dirnen, die schon der ältesten Tradition zuzurechnen sein wird[56]. Die vormarkinische Erzählung von der »blutflüssigen« Frau (Mk 5,25-34) berichtet von einer kranken Frau, deren Krankheit auch noch soziale Isolierung mit sich bringt: Menstruation oder blutende Frauenkrankheiten gelten nicht nur im Judentum sondern überhaupt nach antiken Vorstellungen als gefährlich für die Umgebung. Gegenstände, die eine solche Frau berührt, werden unrein (Lev 15,19-33; Mischnatraktat Zabim 5,6)[57]; sie darf nicht am Passaopfer teilnehmen (Josephus, Bell.jud VI 426f). In solchen Zusammenhängen werden Menstruation, Aussatz und Frauenkrankheiten als gleichartiges Problem betrachtet. Die Frau berührt Jesus, um durch die Berührung gesund zu werden. Ob sie Jesu Kleid nur heimlich von hinten berührt (5,27), weil sie sich ihrer Krankheit schämt oder weil sie ihn damit unrein macht, macht keinen großen Unterschied aus[58]. Die isolierte Situation dieser Frau entsteht schon durch den sicher allgemein verbreiteten Aberglauben, wie ihn Plinius d. Ä. notiert[59]: »Most, dem sie in diesem Zustand zu nahe kommen, wird sauer . . . Gartenpflanzen verdorren, und die Früchte der Bäume, auf denen sie gesessen, fallen ab . . . Erz und sogar Eisen befällt sogleich der Rost und widerwärtiger Geruch die Luft . . .« Diese volkstümlichen Anschauungen, die ich auch noch aus meiner eigenen dörflichen Jugendzeit kenne, und die Reinheitsvorschriften für eine Jüdin im Anschluß an Lev 15,15ff genügen, um die Situation dieser Frau der eines Aussätzigen vergleichbar zu machen. Die Menschen, die diese Geschichte weitererzählt haben, waren sich über die Situation einer Frau mit solch einer Krankheit im klaren. Jesus tadelt oder beschimpft die Frau nicht. Er verhält sich damit anders als die Menschen, die sonst mit dieser Frau zu tun hatten. Er bestätigt durch sein Wort (5,34) das magische Wundergeschehen, das zuvor schon ohne sein Zutun passiert ist. Die Geschichte von Jesu Begegnung mit der blutflüssigen Frau berichtet einerseits von dem großen Glauben der Frau an Jesu wunderbare Kraft, andererseits aber ist hier zugleich etwas gesagt über die Menschenwürde blutflüssiger Frauen in den Augen Jesu (und seiner Nachfolger). Betrachtet man den Zusammenhang magischen Denkens, in dem gerade diese Geschichte berichtet wird (besonders die Vorstellung von der Wunderkraft Jesu 5,29), so wird deutlich, daß hier nicht aus der Position einer intellektuellen Aufklärung Aberglaube überwunden wird, sondern aus der Hoffnung auf das Reich Gottes die (aus Aberglauben folgende) Diskriminierung von Frauen wegen ihrer physischen Konstitution aufgehoben wird. Die Utopie von dem, was ein Mensch nach Gottes Willen ist, hat mehr Kraft, das reale Elend dieser Frau aufzuheben, als ein Medizinstudium in Alexandria[60], wenn Menschen wie Jesus und seine Nachfolger diese Utopie in Praxis umsetzen – wie in dieser Wundergeschichte.

Über die Frauen in der Nachfolge Jesu damals in Palästina wird in Mk 15,40 gesagt, daß sie Jesus gedient hätten (διακονεῖν). Auch wenn manches dafür spricht, diese Verse für markinisch zu halten[61], muß man doch überlegen, ob der Gedanke die Sache trifft. Lukas hat bei dem Dienst der Frauen für Jesus und seine Jünger an finanzielle Unterstützung gedacht (8,1-3; dazu, daß diese Vorstellung nicht die Situation der Jesusbewegung in Palästina trifft s. o.). Wenn Markus sich unter diesem Dienst die Versorgung mit Essen vorgestellt hätte – so wie die Schwiegermutter des Petrus Jesus und die Jünger bewirtet (Mk 1,31) – hätte er wohl kaum formuliert: »Sie dienten *ihm* (Jesus)« (15,41). Im übrigen ist die Situation schwer vorstellbar: Jesus, die Jünger und eine Gruppe von Frauen wandern von Galiläa nach Jerusalem. Wie soll man sich dabei eine Versorgung mit Essen durch die Frauen eigentlich vorstellen? Es ist anzunehmen, daß der Dienst der Frauen für Jesus im Sinne einer διακονία Χριστοῦ zu verstehen ist: Sie sind seine Boten und Beauftragten[62]; »dienen« und »nachfolgen« sind hier sich gegenseitig ergänzende und erläuternde Begriffe. Markus setzt also mit bemerkenswerter Unbefangenheit auch eine Verkündigungsbeauftragung der Frauen in Palästina voraus. Einige spätere Handschriften haben die Bemerkung »sie dienten ihm« ausgelassen. Vor allem der Codex Bezae Cantabrigiensis versucht hier wie auch an verschiedenen Stellen der Apostelgeschichte, die Rolle der Frauen im frühen Christentum durch kleine Textänderungen wieder zurückzunehmen[63]. Eine Reflexion über die besondere Rolle der Frau findet weder positiv noch negativ bei Markus (oder in vormarkinischer Tradition) statt: ebenso unbefangen wie der Verkündigungsdienst der Frauen erwähnt wird, wird auch erzählt, daß die Schwiegermutter des Petrus ihre Heilung damit demonstriert, daß sie Jesus und die Jünger bekocht und bewirtet (Mk 1,31). Man mag zweifeln, ob die Frauen in der ältesten Jesusbewegung in diesem Sinne über Häuser und Essen verfügten. Die Unbefangenheit der Gleichberechtigung in der Nachfolge Jesu, die aus Mk 15,40f spricht – und auch die Unbefangenheit gegenüber einer traditionellen Frauenrolle (Mk 1,31) – dürften jedoch durchaus die Situation der Jesusbewegung in Palästina treffen.

Daß das bisher gezeichnete Bild von der Rolle der Frauen in der Nachfolge Jesu in Palästina vor 70 n. Chr. zutreffend ist, bestätigt die Tradition über die Frauen am Grabe Jesu (Mk 15,47-16,8). Zunächst ist zu überlegen, welchen Sinn ihr Verhalten im Gesamtzusammenhang des Markusevangeliums hat. Die Jünger sind schon vor dem Tode Jesu bei seiner Verhaftung aus seiner Nähe geflohen (14,50), Petrus hat ihn verleugnet (14,71). Sie haben Angst – wie Markus schon vorher während ihres Weges mit Jesus gesagt hat (4,40; 8,32; 8,16; 10,32). Jesus stirbt von allen verlassen. Markus erwähnt nun auf einmal die Frauen. Sie schauen von ferne auf das Kreuz (15,40) sie sehen, wo Jesus bestattet wird (15,47), sie gehen zum Grabe, um den Leichnam zu salben (16,1). Und nun geschieht in einer furchtbaren Wiederholung mit den nachfolgenden Frauen noch einmal dasselbe, was schon mit den Männern passierte: sie laufen davon und haben Angst (16,8). Die Engelsbotschaft nach Jesu Auferstehung flößt ihnen Angst ein ebenso wie den Jüngern die Leidens- und Auferstehungsweissagungen Jesu. Mag Markus zu diesem Bild von der Angst der Jünger und der nachfolgenden Frauen auch ältere Tradition verwendet haben, so ist doch eindeutig, wie wichtig für seine Darstellung des Evangeliums dieses Versagen der Nachfolger Jesu ist. Man wird die markinische Sicht der Jünger aus der Situation der Markusgemeinde erklären müssen, die fürchten muß, dasselbe Schicksal wie Jesus vor sich zu haben (s. nur 8,34-36; 13,12) und deren Angst Markus sehr ernst nimmt. Er erzählt ihnen die Geschichte von der Angst der Jünger, der Angst der Frauen und der Angst Jesu (15,34). Und er macht ihnen Mut, zu ihrer Angst zu stehen und ihren Weg in der Nachfolge Jesu weiterzugehen. Der leidende Jesus ist der Sohn Gottes (15,39), der feige Petrus und die ängstlichen Jünger sind zu Verkündigern seiner Auferstehung geworden.

Die verängstigten Frauen haben ihr Schweigen auch bald gebrochen, obwohl dies alles nicht explizit gesagt wird. Markus erzählt vom Versagen der Jünger und der Frauen aus dem erkennbaren Bewußtsein, daß sie die Verkündiger des Evangeliums geworden sind. Mag auch Mk 16,8 der ursprüngliche Schluß des Markusevangeliums sein, das Geschehen von 16,8 ist für das Bewußtsein des Markus und der Gemeinde(n), für die er schreibt, nicht das Ende der Verkündigung des Evangeliums, sondern der Beginn der Arbeit der Jünger nach dem Tode Jesu.

Markus setzt also die Verkündigung der Jünger und der Frauen nach dem Tode Jesu voraus, und er sieht die Frauen in keiner Sonderrolle gegenüber den Jüngern: Sie versagen wie sie und werden wie sie das Evangelium weitersagen[64].

Aus diesem Bild des Markusevangeliums lassen sich Rückschlüsse auf vormarkinische Tradition und die tatsächliche Rolle der Frauen in der Jesusbewegung in Palästina ziehen. Schon die Tatsache, daß Markus verschiedene Namenslisten verwendet (15,40.47; 16,1) deutet auf vormarkinische Tradition. Die festeste Rolle hat dabei Maria von Magdala: sie wird jedesmal erwähnt und jedesmal an erster Stelle. Markus hat kein erkennbares Interesse daran, daß es gerade Frauen sind, die am Grabe Jesu stehen. Auch hierin wird Tradition vorliegen. Aus Mk 15,47-16,8 läßt sich also folgern, daß eine Gruppe von Frauen nach Jesu Tod eine entscheidende Bedeutung für die Weiterführung der Botschaft vom Reiche Gottes hatte. Daß Maria Magdalena dabei war, scheint am festesten im Bewußtsein der Überlieferer geblieben zu sein. Daß hier auf einmal Frauen als isolierte Gruppe handeln, spricht für das Alter dieser Tradition: Es gibt keinen anderen Grund, von diesen Frauen zu erzählen, als die Erinnerung an das wirkliche Geschehen. Die Verkündigung des Engels an die Frauen ist auch bei Markus – trotz des Versagens der Frauen – Auftrag zur Verkündigung der Auferstehung, den sie dann eben doch auch für ihn wahrgenommen haben. Die vormarkinische Tradition von Mk 16,1-8 ist die Erzählung von der Berufungsepiphanie der Maria Magdalena und einiger anderer Frauen. Ihnen gab ein Engel am leeren Grabe den Verkündigungsauftrag, so wie Erscheinungen Jesu dann viele andere Menschen auf den Weg brachten (1 Kor 15,3-8). Über die zeitliche Priorität der Beauftragung der Frauen durch eine Engelepiphanie gegenüber der Erscheinung Jesu vor Petrus – oder gar über eine Rangordnung dieser Boten Jesu – lohnt es eigentlich nicht zu streiten. Die isolierte Rolle der Frauen in Mk 15,47-16,8 spricht jedoch dafür, daß es nach Jesu Tod eine Phase gab, in der die Männer unter den Jüngern den Mut verloren hatten und die Frauen mit der Weiterführung der Arbeit begannen. Matthäus berichtet dann sogar von einer Erscheinung Jesu vor den Frauen (Mt 28,9-10). Bei Lukas führen sie den Auftrag des Engels aus (24,9f). Im Johannesevangelium wird Maria Magdalena nicht am Grab beauftragt, Petrus und der Lieblingsjünger sehen das leere Grab (Joh 20,6-8). Maria Magdalena hat dann aber trotzdem eine erste Begegnung mit dem epiphanen Jesus und führt den Verkündigungsauftrag aus (20,18). Zusätzliche Informationen über die Situation damals in Palästina über Mk 15,47-16,8 hinaus kann man diesen Texten aus den anderen Evangelien nicht entnehmen. Ob die Berufungsepiphanie der Frauen eine Engelserscheinung war oder eine Erscheinung Jesu, dürfte für das Bewußtsein der Betroffenen nebensächlich gewesen sein. In der Darstellung der Epiphanien nach Jesu Tod, die Paulus gibt, fehlen die Frauen (1 Kor 15,3-8). Das heißt nichts weiter, als daß 1 Kor 15,3-8 das früheste christliche Zeugnis davon ist, daß Christenmänner nicht mehr gewagt haben dazu zu stehen, welche Bedeutung die Arbeit der Frauen für die Verkündigung des Evangeliums hatte. Der Widerspruch zwischen der faktischen Bedeutung der Frauen in den Christengemeinden und den Äußerungen (oder Nicht-Äusserungen) über sie in christlichen Texten ist immer wieder evident (s. dazu unten), gerade bei Paulus. Daß die Frauen in 1 Kor 15,3-8 nicht erwähnt werden, ist fast weniger erstaunlich als daß sie in den

Frauen in der Nachfolge Jesu in neutestamentlicher Zeit 111

vier Evangelien erwähnt werden. Daß die Rolle der Frauen als Verkündiger der Osterbotschaft dadurch zurückgedrängt wurde, daß Frauen nach jüdischem Recht nicht Zeugen vor Gericht sein können[65] und man deshalb ihre Auferstehungsbotschaft nicht für aussenwirksam hielt, trifft die Problemlage nicht völlig. Die Zurückdrängung der Frauen in der weiteren – vor allem außerpalästinischen – Entwicklung des Christentums beruht nicht auf dieser speziellen jüdischen Rechtsvorstellung, sondern auf breiteren gesellschaftlichen und politischen Bestrebungen gerade auch außerhalb Palästinas gegen die Freizügigkeit von Frauen (s. dazu noch unten)[66].

Der Unglaube der Jünger gegenüber der Osterbotschaft der Frauen, von der die spätere christliche Überlieferung gern spricht (Lk 24,11; Mk 16,10f; Epistula apostolorum 10f), ist im übrigen nicht darin begründet, daß die Jünger den Frauen, weil sie Frauen sind, nicht glauben wollen. Vielmehr können sie nicht glauben, daß Jesus noch der Befreier Israels sein soll, wo er doch gestorben ist (s. Lk 24,20f), und ihr Unglaube wird auch nicht durch den Augenschein des leeren Grabes beendet (Lk 24,24). Auch der sekundäre Markusschluß hebt nicht darauf ab, daß den Jüngern die Frauen als Frauen unglaubwürdig sind (Mk 16,12 glauben sie männlichen Zeugen genausowenig, vgl. auch 16,14). In der Epistula apostolorum schickt Jesus zwei Frauen nacheinander als seine Boten. Die Jünger glauben ihnen nicht und glauben auch dann noch nicht, als Jesus selbst zu ihnen geht. In solchen Erzählungen steckt viel vom Zweifel und der Not späterer Christengenerationen; für die Rolle der Frauen im Zusammenhang des Christentums im 1. Jahrhundert sind sie allenfalls insofern aussagekräftig, als eben der Gedanke an ihre Unglaubwürdigkeit *als Frauen keine* Rolle spielt und wir hier eher Dokumente der auch am Ende des ersten Jahrhunderts und darüber hinaus vorliegenden Bedeutung der Frauen in der Verkündigung vor uns haben als Dokumente der Zurückdrängung der Frauen. Von Paulus an läßt sich diese Widersprüchlichkeit im frühen Christentum immer wieder beobachten: die selbstverständliche und tragende Rolle der Frauen und daneben Versuche, ihre Bedeutung zu verschweigen oder sie in eine traditionelle Rolle der Unterordnung zu drängen.

Man hat lange geurteilt, daß die Aufzählung der Erscheinungen Jesu in 1 Kor 15,3-8 die gegenüber Mk 16,1-8 viel ältere Auferstehungstradition sei und daß in Mk 16,1-8 erklärt werde, warum erst so spät die Kunde vom leeren Grab bekannt wurde: weil die Frauen geschwiegen haben[67]. Diese Vorstellung von der Traditionsentwicklung berücksichtigt nicht die Bedeutung, die Mk 16,8 im Kontext des Markusevangeliums hat, und erklärt nicht ausreichend, wieso auf einmal eine Erzählung aufkommt, die von einer Engelerscheinung vor Frauen am Grabe Jesu berichtet. Die Tatsache der Auferstehung durch den Hinweis auf das leere Grab beweist sie nicht, denn das leere Grab beweist nichts (s. Lk 24,24). Diese Vorstellung von der Traditionsentwicklung kann auch nicht erklären, warum gerade Frauen in diesem Zusammenhang eine Rolle spielen. So wird man mit einiger historischer Wahrscheinlichkeit sagen können: Nach dem Tode Jesu sind zunächst Frauen daran gegangen, die Botschaft Jesu vom nahen Reich Gottes weiterzuverkünden und ihrer Hoffnung auf Leben Ausdruck zu geben, indem sie verkündigten, daß der Gekreuzigte auferstanden ist. Die Kraft zu diesem Schritt gab ihnen eine Vision, in der sie zu Verkündigern der Botschaft von der Macht des Lebens über den Tod berufen wurden. Die Selbstverständlichkeit der Gleichberechtigung, die aus der Armut und der Hoffnung auf das Reich Gottes entstand, hat zweifellos eine Rolle dabei gespielt, daß die Frauen in der frühen Jesusbewegung eine so entscheidende Funktion übernehmen konnten.

Eine vergleichbare Einschätzung der Situation der Frauen in der frühen Jesusbewegung ergibt sich auch aus den Spuren der Bedeutung der Maria, der Mutter Jesu, für diese Zeit. Maria wird nicht als Mutter Jesu verehrt, Familienbindungen sind bei den Nachfolgern Jesu relativiert (Mk 3,31-35, s. auch oben). Jedoch wird das Magnificat der Maria (Lk 1,46-54) schon auf die älteste Jesusbewegung zurückgehen und zwar in seiner jetzigen Gestalt[68]. Maria ist in diesem Psalm das Symbol der Erhöhung der Niedrigen, das Symbol dafür, daß Gott aus Hungrigen Satte und Lachende machen wird und damit schon begonnen hat: Eine arme Frau ist die Mutter des Messias Israels geworden, in dessen Namen seine Boten den Beginn des Reiches Gottes verkündigen. Sie *repräsentiert die Hoffnung der Armen* – Männer und Frauen – nicht etwa die Hoffnung von Frauen allein.

Die selbstverständliche Gemeinschaft oder Gleichberechtigung von Frauen und Männern in der palästinischen Jesusbewegung hat man oft in Kontrast zu drastisch-patriarchalischen Aussagen jüdischer Rabbis zur Rolle von Frauen gestellt. Beliebt ist die Gegenüberstellung von Jesu Verhalten zu dem Hillel-Wort: »Viel Frauen, viel Zauberei« oder dem Verbot: »Rede nicht viel mit der Frau«[69]. Solche Vergleiche sind recht willkürlich: Es ist durchaus offen, welche *Praxis* im Umgang mit Frauen vorliegt, wenn solche *Meinungen* geäußert werden, worauf besonders K. Thraede zu Recht hingewiesen hat[70]. Außerdem könnte man unschwer den umgekehrten Effekt erzielen, wenn man z. B. christliche Meinungsäußerungen wie 1 Tim 2,11-15 etwa im Kontrast zu Vorstellungen des Philosophen Musonius stellen wollte. Dann ergäbe sich ein Schwarz-Weiß-Bild zu ungunsten des Christentums. Methodisch sinnvoll kann ein Vergleich doch nur sein, wenn eine Praxis oder eine Meinungsäußerung mit jener Praxis oder Meinungsäußerung verglichen wird, in deren Rahmen sie gehört und auf die sie bezogen ist. D. h. die Befreiung von Männern und Frauen in der Nachfolge Jesu aus der Versklavung durch Hunger und Krankheit muß auf dem Hintergrund der realen Lebensbedingungen dieser Menschen gesehen werden. Sie versuchten, sich aus der Not der Armut zu befreien. Die Befreiung aus patriarchalischen Strukturen, soweit sie überhaupt für Menschen unter solch harten Lebensbedingungen noch eine Rolle spielen, ergab sich aus der Hoffnung auf die Königsherrschaft Gottes. Sie war jedoch nicht das primäre Problem und wurde nicht zum Thema. Im Mittelpunkt aller Verkündigung stand die Hoffnung der Armen.

b) Frauen in den christlichen Gemeinden in der Umgebung des Paulus und des Lukas

Paulus

Die echten Briefe des Paulus hinterlassen einen zwiespältigen Eindruck, wenn man nach der Rolle der Frauen in den Gemeinden fragt. Auf der einen Seite haben Frauen gleichberechtigte Funktionen in der Gemeinde, auf der anderen Seite gibt es paulinische Meinungsäußerungen zur Rolle der Frau, die mit bemerkenswerter

Härte hierarchisch-patriarchalische Strukturen fordern[71]. Dieses zwiespältige Bild, das Paulus vermittelt, bleibt übrigens mindestens bis weit ins 2. Jahrhundert hinein erhalten. Man muß methodisch genau unterscheiden zwischen Informationen über die faktische Situation der Frauen in den Gemeinden und Meinungsäußerungen darüber, welche Rolle Frauen übernehmen sollten. Die faktische Situation der Frauen in den paulinischen Gemeinden – also in Christengemeinden in Städten des Römischen Reiches außerhalb Palästinas – wird vor allem aus der Grußliste in Römer 16 deutlich, wobei es für unsere Frage unberücksichtigt bleiben muß, ob die angeredete Gemeinde in Rom oder in Ephesus zu suchen ist.

Paulus nennt in dieser Grußliste Einzelpersonen und Personengruppen, zwei Christengruppen (Hausgemeinden? V. 14f) und Gruppen von Sklaven oder Freigelassenen (des Aristobul und des Narcissos, V. 10f). Mit Reichen wird man in den paulinischen Gemeinden nur als absolute Ausnahme (oder gar nicht) rechnen können. Allerdings sind die Gemeinden nicht »arm« im Sinne der Bettelarmut (keine πτωχοί). Der wirtschaftliche Status wird sich im allgemeinen in dem Rahmen bewegen, in den Paulus selbst wie auch Prisca und Aquila gehören: Es handelt sich um Menschen, die ihr Leben mit Handarbeit oder abhängiger Arbeit fristen, also um Arme (πένητες) aus der Optik der Reichen[72]. Wie aus der Nennung von Sklaven- bzw. Freigelassenengruppen aber auch aus den Eigennamen, die Paulus nennt, erkennbar wird, sind Sklaven und Freigelassene keine Minderheit in der Gemeinde, die in Röm 16,3ff angeredet wird[73]. Z. B. Persis – »die Perserin« ist ein Sklavinnenname.

Versucht man die Grußliste des Paulus in Hinsicht auf die Situation der Frauen auszuwerten, so lassen sich wichtige Beobachtungen machen, die die Situation der Frauen recht umfassend verdeutlichen. Von den namentlich genannten Christen sind 9 Frauen und 17 Männer. In dieser Zählung ist Junia (V. 7) als Frau gezählt, weil es langsam nur noch als Kuriosität der Theologiegeschichte anzusehen ist, daß gegen alle philologische Evidenz – nur weil die Person Apostel genannt wird – Junia zum Mann erklärt wird[74]. Die Mehrheit der Personen wird durch ihre Arbeit für die Gemeinden näher qualifiziert, wobei sich *kein* Ranggefälle zwischen Männern und Männern und auch nicht zwischen Männern und Frauen erkennen läßt. Es gibt ganz eindeutig keine für Frauen spezifischen Aufgaben in der Gemeinde. Die Arbeit der Ehepaare Prisca und Aquila, Andronikos und Junia wird gemeinsam charakterisiert (V. 4.7). Frauen haben sich für die Gemeinden abgemüht (κοπιᾶν V. 8.12), ein Wort, das Paulus auch für seine eigene Arbeit benutzt (1 Thess 1,3). Frauen wie Männer werden »Mitarbeiter« genannt (V. 3 vgl. nur V. 9), Frauen werden »Geliebte« genannt (vgl. V. 9 »Geliebter«). Frauen haben das gleiche Schicksal wegen ihres Christenglaubens wie Männer: Sie halten ihren Hals hin für andere (V. 4) und geraten wie Paulus ins Gefängnis (V. 7). Auch außerhalb der Grußliste Röm 16,3-16 läßt sich dasselbe Bild von der Situation der Frauen aus den Paulusbriefen erheben. Sie sind unter den Propheten in der Gemeinde (1 Kor 11,4), sie heißen διάκονος wie Männer (s. Phöbe Röm 16,1 f, vgl. etwa Phil 1,1), wobei durchaus nicht an eine frauenspezifische Arbeit zu denken ist. Paulus sagt über zwei Frauen in Philippi, daß sie mit ihm zusammen gekämpft haben (Phil 4,2 f). Paulus legt der Phöbe den ehrenden Titel προστάτις bei, um ihre Leistungen für ihn wie für viele andere zu würdigen (Röm 16,1 f)[75]. Vermutlich ist daran gedacht, daß sie so umfassende Gastfreundschaft gewährt hat wie Paulus nun von ihrer gastgebenden Gemeinde für sie erbittet (Röm 16,1 f; ein gastgebender Mann: Röm 16,23); was im übrigen nicht dafür spricht, daß Phöbe eine besonders vermögende Frau ist.

Es kann diesem Bild ohne Schwierigkeiten auch die Bezeichnung einer Frau als Apostel hinzugefügt werden. Es gibt eindeutig keine Differenzierungen zwischen Frauen und Männern hinsichtlich ihrer Arbeit und Bedeutung für den Aufbau der Gemeinden und damit der Verkündigung des Lebens und der Hoffnung.

Paulus nennt Familienangehörige dann, wenn sie auch Christen geworden sind; von den 9 Frauen der Grußliste Röm 16,3-16 sind jedoch 4 Frauen unabhängig von Angehörigen einzeln genannt. Man kann damit rechnen, daß – ebenso wie Sklaven ohne ihre Herren der Gemeinde angehören – auch Frauen ohne ihre männlichen Familienoberhäupter Christen wurden. In der »Mission« außerhalb Palästinas haben schon *vor* der paulinischen Arbeit Frauen mitgearbeitet (s. Röm 16,7; vermutlich gilt das auch für Prisca). Die Art der Charakteristica, die Paulus in seiner Grußliste den Personen beifügt, läßt eine unbefangene und ungezwungene Gleichberechtigung erkennen, die aus dem Zusammenhang des christlichen Glaubens und der christlichen Praxis entsteht.

Völlig anders wird der Eindruck, wenn man Meinungsäußerungen des Paulus zur Rolle der Frau ansieht. Zwar hat auch er die Hoffnung, daß in Christus Herrschaftsstrukturen und trennende Differenzen aufgehoben sein werden (Gal 3,28), und das heißt sicher auch für ihn, daß im Zusammenleben der Christen die zukünftige Gleichheit schon gelebt werden soll. Aber im Zusammenhang konkreter Fragen wird Paulus widersprüchlich. Am deutlichsten ist das Problem in 1 Kor 11,2-16. Auch in diesem Plädoyer für die Unterordnung der Frau unter den Mann findet sich eine Zwischenbemerkung (1 Kor 11,11f), in der er die eschatologische Gleichheit und Partnerschaft von Mann und Frau auszudrücken versucht. Diese Zwischenbemerkung fällt jedoch aus dem Rahmen. In 1 Kor 11,2-16 bietet Paulus eine massive Argumentation auf, um Frauen zu veranlassen, ihrer Unterordnung unter den Mann Rechnung zu tragen, indem sie während des Gottesdienstes, wenn sie beten oder prophezeien, ihren Kopf bedecken. Paulus bemüht in seiner Argumentation die Schöpfung: die Frau ist aus der Rippe des Mannes und als seine Gehilfin erschaffen (1 Kor 11,8f). Er beruft sich auf das allgemeine sittliche Empfinden (V. 6 »schändlich«; V. 13 »geziemend«) und die Natur (V. 14f; faktisch ist V. 14f aus heutiger Perspektive kein Argument mit der Natur, sondern mit einer Konvention). Vor allem aber argumentiert er mit einer Rangordnung, einer Machthierarchie von oben nach unten: Gott-Christus-Mann-Frau[76] (V. 3).

Aus dem Zusammenhang der Gesamtargumentation ergibt sich für das viel diskutierte Wort ἐξουσία V. 10 ein eindeutiger Sinn: Es bezeichnet metonymisch die Kopfbedeckung, d. h. die Frau soll mit bedecktem Kopf erscheinen (κατακαλύπτω τῇ κεφαλῇ) und damit zeigen und wirksam machen, daß sie eine Macht über sich hat, nämlich den Mann, der sie vor dem (sexuellen?) Zugriff der Engel im Kult schützt. So klar dieser Sachverhalt dem paulinischen Text zu entnehmen ist, so schwierig ist es, die faktische Alltagssitte in Korinth (und anderswo), die möglicherweise religionsgeschichtlichen Zusammenhänge der Sitte der korinthischen Christenfrauen und die gesellschaftliche Bedeutung der von Paulus gewünschten Sitte zu klären. Je nach der Einschätzung vor allem der Alltagssitte verändert sich nämlich die Beurteilung der paulinischen Meinung, u. U. diametral. Fordert Paulus, daß die Christenfrauen im Gottesdienst die allgemein übliche Alltagssitte einhalten, während die korinthischen Frauen sich von dieser Sitte einer Verschleierung emanzipieren wollten[77]; oder will Paulus den Griechenfrauen die engere jüdische Sitte der Verschleierung aufdrängen[78]; oder will Paulus die Christenfrauen dazu bringen, nach Alltagssitte mit gebundenem Haar (mit oder ohne Schleier) in der Gemeinde zu erscheinen und nicht mehr im Gottesdienst nach heidnischem Kultbrauch mit aufgelösten Haaren aufzutreten[79]? Betrachtet man Darstellungen von Frauen aus Griechenland und Rom, so bleibt das Bild vielschichtig. Frauen ohne Kopfbedeckung sind neben Frauen mit Kopfbedeckung in gleichen Zusammenhängen dargestellt, auch ohne daß der Status der Frau als Verheiratete dabei eine konsequente Erklärung der unterschiedlichen Tracht geben kann[80]. Man wird davon ausgehen müssen, daß auf den Straßen Korinths wie auch sonst im Römischen Reich die Frauen unterschiedliche gebunde Langhaarfrisuren mit oder ohne über den Kopf gezogenes Himation, mit oder ohne Mitra oder Bänder getragen haben. Vermutlich haben im vorderen Orient die Frauen gehobener Stände in der Stadt um diese Zeit schon verschleierte Gesichter – auch Jüdinnen[81]. In dem paulinischen Text geht es jedoch nicht um Verschleierung, d. h. um eine partielle Bedeckung auch des Gesichtes, es geht um die Bedeckung des Kopfes durch ein Himation, einen Umhang, eine Mitra o. ä. Das zeigt einerseits die von Paulus verwendete Terminologie andererseits die Tatsache, daß Texte, die eine Verschleierung des *Gesichtes* meinen, dies auch ausdrücken[82]. Der faktischen Variabilität der Alltagssitte stehen in griechischer und römischer Literatur gerade dieser Zeit jedoch recht dezidierte Meinungsäußerungen gegenüber, die fordern, daß die ehrbare, freie und verheiratete Frau ihrer Ehrbarkeit durch eine Kopfbedeckung Ausdruck gibt – und manche Frauen scheinen diesem Wunsch auch gefolgt zu sein[83]. Allerdings scheint diese konservative Sitte sich nicht derart durchgesetzt zu haben, daß eine Frau, die ohne Kopfbedeckung auf die Straße geht, deshalb für unehrbar gehalten wird. Paulus steht mit seiner Forderung nicht allein und vermutlich auch nicht mit seiner Einsicht (1 Kor 11,16), daß diese Forderung nicht so ohne weiteres durchsetzbar ist, denn die faktische Sitte in Rom und Griechenland sieht sehr viel variabler und freier aus. In der Landbevölkerung dürfte im übrigen diese ganze Problematik kaum eine Rolle gespielt haben – und auch nicht bei den Bettelarmen[84].

Warum erhebt Paulus diese Forderung? Warum haben alle ihm bekannten Gemeinden die von ihm geforderte Sitte (1 Kor 11,16)? Im Vordergrund steht in der paulinischen Argumentation das Interesse an der sichtbaren Demonstration der gesellschaftlichen Rolle der Frau als dem Mann untergeordnet. Nur am Rande spielt auch noch die magische Vorstellung eine Rolle, daß durch die Bindung der Frau an den Mann der Zugriff der Engel unmöglich wird (1 Kor 11,10). Paulus fordert nicht eine Tracht für die Matrone, die in die Straßen der Stadt geht, wie der von Valerius Maximus erwähnte strenge Ehemann (s. o. Anm. 83). Er erhebt dieselbe Forderung für das Auftreten der Frauen im Gottesdienst. Da aber für die Kultsituation spezifische Probleme nur am Rande (V. 10) eine Rolle spielen, ergibt sich aus seiner Argumentation mit der gesellschaftlichen Rolle der Frau, daß es ihm um ein gesellschaftliches und öffentliches Problem geht.

Der Gottesdienst wird als öffentliche Veranstaltung verstanden, zu der auch Nichtmitglieder Zutritt haben (1 Kor 14,23) und in der die Gemeinde ihre gesellschaftliche Selbsteinschätzung auch ausdrückt. Auch der nächste Schritt in dieser Entwicklung bezieht sich wieder auf die Gemeindeöffentlichkeit: »die Frauen sollen in den Gemeinden schweigen« (1 Kor 14,33b-36). Auch diese Forderung ist eine Forderung der Unterordnung unter den Mann (s. V. 34 f). Ob diese Forderung von Paulus selbst stammt oder erst später erhoben wurde und sekundär dem 1. Korintherbrief eingefügt wurde, kann offen bleiben. Die Entwicklung, die zu 1 Kor 14,33b-36 führt, hat in jedem Fall in der Zeit des Paulus und in seiner Meinungsäußerung in 1 Kor 11,2-16 schon begonnen.

Es ist eine konsequente Linie, die von 1 Kor 11,2-16 zu 1 Tim 2,11-15; Titus 2,3-5 führt (und zu Kol 3,18; 1 Petr 3, 1-7; Eph 5,21-23 gehört zwar auch in diese Linie, ist aber in Darstellung der Beziehung zwischen Mann und Frau sensibler und differenzierter). Die Unterordnung der Frau wird in ihrem öffentlichen und gesellschaftlichen Zusammenhang gesehen. Eine Christenfrau soll ihren Mann, der kein Christ ist, durch ihr bescheidenes und reines Leben ohne Worte für das Evangelium gewinnen (1 Petr 3,1-6). Sie soll nicht lehren, sondern sich unterordnen und durch Kindergebären selig werden (1 Tim 2,1 ff). M. E. bringt Titus 2,5 die Zielrichtung dieser Forderungen an christliche Frauen treffend zum Ausdruck: »damit das Wort Gottes nicht verleumdet werde«. Die Sorge vor Verleumdung spielt auch sonst im Zusammenhang dieser Paränesen eine Rolle, s. Tit 2, 8.10; 1 Tim 3,6 f u. a. Die Zielrichtung der Frauenparänesen wie überhaupt der frühen christlichen Paränese ist primär nicht innerchristlich gegen »Mißstände« in den Gemeinden gerichtet; auch nicht in den Pastoralbriefen, obwohl hier christliche Frauen wegen ihrer Selbständigkeit scharf kritisiert werden (2 Tim 3, 6 f; 1 Tim 5,3-16). So wenig Paulus gegen politische Phantasten oder Enthusiasten mit seiner Meinung in Röm 13,1-7 kämpfte[85], so wenig kämpft er in 1 Kor 11,2-16 gegen »übertriebene« Emanzipation[86]. Die Zielrichtung ist die nichtchristliche Öffentlichkeit. Allerdings geht es weder bei Paulus noch auch in den Pastoralbriefen um eine sogenannte Verbürgerlichung des Christentums[87]. Nach wie vor ist die Gesamtsituation der Christengemeinde konstant: Sie sind politisch gefährdet, stehen unter starkem öffentlichem Druck und ihre Mitglieder sind im wesentlichen Menschen ohne Rang, Einfluß oder finanzielle Mittel. Die Verleumdung, die Titus 2,5 erwähnt, muß in Zusammenhang mit den Denunziationen gesehen werden, die zu Verhören vor Behörden und u. U. auch zur Hinrichtung von Christen führen; s. dazu etwa Mk 13,11-13: Weissagungen, die als Schilderung gegenwärtiger Leiden im Römischen Reich gelesen werden müssen.

Faktisch hatten die Frauen in den Gemeinden eine in der Arbeit und ihrer Rolle eindeutige Gleichberechtigung und Partnerschaft mit den Männern. Ihre Rolle wich also von den Vorstellungen der Menschen, die in Politik, Verwaltung und Kultur herrschten, ab. Nicht nur in dieser Hinsicht war die christliche Praxis eine völlige Alternative zur gesellschaftlichen Realität und Ideologie. Die Verdächtigungen bezogen sich auf viele Punkte[88], aber eben auch auf die Rolle der Frauen; dafür spricht die Lesart von Lk 23,2 bei Marcion, wo Jesus Verführung von Frauen und Kindern vorgeworfen wird, wie die Wiederholung dieses Vorwurfs durch Celsus bei Origenes (c. Cels. III 44)[89]. Der Widerspruch zwischen der christlichen Praxis der Gleichheit in neutestamentlicher Zeit und den restriktiven Mahnungen an die Christenfrauen durch Männer wie Paulus ist aus der politischen und gesellschaftlichen Situation der Christengemeinden heraus verständlich. Diese Mahnungen sind genauso defensiv wie etwa die Mahnungen in Röm 13,1-7. Man hat versucht, die Angriffspunkte klein zu halten und auf das Wesentliche zu beschränken, das Bekenntnis zum einen Gott Israels und zum Messias Christus. Der Verlust an befreiender Praxis durch diese defensive Haltung hat offensichtlich erst im 2. Jahrhundert wirklich eingesetzt. Betrachtet man nämlich im Neuen Testament die Spuren der Realität in den Gemeinden, so ergibt sich durchaus nicht der Eindruck, daß die Frauen in der Gemeinde geschwiegen haben, auch nicht in den Gemeinden, an die sich die Pastoralbriefe richten. Und: Gerade das dezidierteste Dokument einer »Emanzipation« christlicher Frauen, das lukanische Doppelwerk, stammt vom Ende des 1. Jahrhunderts. Auch die Rolle der Frauen im Markusevangelium (s. o.) setzt eine unbefangene Partnerschaft von Frauen und Männern in den Gemeinden voraus.

1 Kor 11,2-16 wie auch die Äußerungen der später Paulus zugeschriebenen Briefe über die Rolle der Frauen sind Dokumente eines »male chauvinism«, daran zweifle ich nicht. Nur »male chauvinism« kann eben inhaltlich sehr unterschiedlich sein. Für eine Minderheit unter dem politischen und gesellschaftlichen Druck des Römischen Reiches, die den Kampf um die Verkündigung und Praxis ihrer Hoffnung durchstehen will, ist die Frauenparänese wie 1 Kor 11,2-16 eine von außen aufgezwunge Schutzhaltung. Die Widersprüchlichkeit der Situation der Christenfrauen nahezu von Anfang der Ausbreitung des christlichen Glaubens im Römischen Reich an (1 Kor 11,16) ist – wenn man die Drucksituation nicht berücksichtigt – grotesk. Frauen, die gleichberechtigt die christliche Botschaft verkündigen und die Gemeinden aufbauen, Frauen wie Prisca oder Phöbe sagt Paulus Sätze wie 1 Kor 11,3. Oder: Frauen, deren Arbeit auch nach 70 n. Chr. noch in der Art sichtbar wird, wie etwa das Markus- oder das Lukasevangelium über die Frauen in der Nachfolge Christi sprechen, leben in einer Kirche, aus der die Frauenparänese im Stil der Pastoralbriefe hervorgeht. Die Frauen waren sicherlich nach allem, was vom Christentum im 1. Jahrhundert bekannt ist, entscheidende Träger des christlichen Glaubens (s. nur Röm 16 und die Rolle der Maria Magdalena). Man

Frauen in der Nachfolge Jesu in neutestamentlicher Zeit 121

muß sich einmal vorstellen, daß den Christenfrauen, die wie die Märtyrer von Scili in Numidien (180 n. Chr.) in dem Verhör ihre Sache ebenso wie die Männer vertreten und ebenso wie die Männer hingerichtet werden[90], ein Christenbruder 1 Tim 2, 11-15 vorliest.

Lukas

Das Lukasevangelium fällt insofern aus dem Rahmen der christlichen Literatur in neutestamentlicher Zeit, als hier die faktische Gleichberechtigung der Frauen in den Gemeinden auch gedanklich reflektiert wird, also der Widerspruch zwischen Praxis und Paränese aufgehoben wird. Unter den reichen und angesehenen Christen, die Lukas mit seinem Evangelium anredet, gibt es Frauen, die selbständig und aktiv die christliche Arbeit mittragen[91]. Lukas erzählt Geschichten, in denen Frauen eine vorbildliche Rolle haben: Tabitha oder Lydia (Apg 9,36-40; 16,14-40), auch Prisca ist für Lukas eine selbständig handelnde Frau: Apg 18,26 wird sie zuerst genannt als diejenige, die zusammen mit ihrem Mann Apollos die richtige Lehre beibringt. Lukas scheut sich nicht, von einer »Jüngerin« (Apg 9,36) und »Prophetinnen« zu sprechen (Apg 21,9; Lk 2,36). Die Geschichte von Jesu Geburt wird bei Lukas auch zur Darstellung vorbildlicher Frauen, Elisabeth und Maria. Sie sind die Mütter des Täufers und Jesu, aber ihr Glaube und ihre Einsicht (1,25.42.45.60; 2,19) machen sie zu Repräsentanten des Glaubens, an denen sich Menschen in der Nachfolge Jesu orientieren können. Sie sind Vorbilder nicht nur für Frauen.

In zwei kleinen Szenen (Lk 10,38-42 und 11,27 f) hat Lukas [92] eine anschauliche Reflexion über Probleme, die sich aus der gesellschaftlich gegebenen Frauenrolle für Frauen in der Nachfolge Jesu ergeben, dargestellt. Maria und Martha sind nicht als individuelle Einzelpersonen dargestellt, sondern als Typen, sie repräsentieren eine Rolle, ein bestimmtes Verhalten. Maria repräsentiert das »Hören auf das Wort« (s. V. 39); sie ist die Schülerin, die zu Jesu Füßen sitzt, die dem Wort des Lehrers, dessen Wort das Wort Gottes ist, zuhört[93].

Martha repräsentiert die Rolle der Frau im Hause, das »Dienen« (διακονεῖν) im Sinne der Zubereitung von Mahlzeiten, der Versorgung des Haushalts. Ihr Verhalten (sie ist »völlig in Anspruch genommen« durch viele Hausarbeit V. 40) soll repräsentativ darstellen, was das Schicksal der meisten Frauen ist, wenn man von den reichen Frauen einmal absieht: Sie arbeitet im Haushalt. In der Regel dürfte die Frau, die selbst im Haushalt arbeitet, auch noch am Broterwerb beteiligt sein (s. o.). Die Hausarbeit wird hier recht realistisch dargestellt. Martha ist nicht die ideale Frau, »eine Hausmutter voll Fleiß und Verläßlichkeit«[94], sondern eine Hausmutter voll Fleiß und Überanstrengung, die ihrem Ärger Luft macht.

Maria repräsentiert eine im Zusammenhang des frühen Christentums neue Frauenrolle: die Jüngerin Jesu, die Frau in der Nachfolge Jesu, die man sozialgeschichtlich allenfalls mit der kynischen Wanderphilosophin Hipparchia[95] vergleichen kann. Aus dem bisher Dargestellten hat sich ergeben, daß die Frauen im frühen Christentum von Maria Magdalena bis hin zu den Märtyrerinnen in Scili (s. o.) *faktisch* eine gleichberechtigte Rolle in der Arbeit und Verkündigung der Gemeinden hatten. Um sie geht es in der Gestalt der Maria. Während z. B. im Markusevangelium ganz unbefangen mit dem Nebeneinander der beiden hier dargestellten Frauenrollen umgegangen wird[96], ist hier im Lukasevangelium über dieses Nebeneinander sehr dezidiert nachgedacht worden.

Auch in Lk 11,27 f geht es um dasselbe Problem. Der Seligpreisung der Maria als der Mutter des Messias wird von Jesus eine Seligpreisung derer, die das Wort Gottes hören und einhalten, entgegengestellt. Beide Szenen interpretieren sich auch gegenseitig. Die Frau, die in Lk 11,26 Maria als Mutter seligpreist, handelt gegenüber Maria, der Jesusmutter, genauso wie Martha gegenüber ihrer Schwester Maria: Sie versucht sie vor den Ohren Jesu auf ihre traditionelle Frauenrolle zu beschränken. Denkt man an die Pastoralbriefe (oder auch an Paulus), so ist bemerkenswert, daß die Stimme für die traditionelle Frauenrolle hier Frauen in den Mund gelegt wird. Es geht hier also nicht darum, daß Christenmänner, die sich für das Geschick der Gemeinden verantwortlich fühlen, den Frauen eine bestimmte Rolle zudiktieren – wie 1 Tim 2,11 f –, sondern um eine sehr viel unmittelbarere Situation: Frauen selbst müssen sich über das Verhältnis beider Rollen zueinander klar werden und haben vermutlich oft genug von der Realität den Konflikt zwischen Martha und Maria aufgezwungen bekommen. Martha handelt ja – so wie sie handelt – nicht aus Schikane gegenüber Maria. Der Konflikt zwischen Martha und Maria dürfte gerade bei nicht vermögen-

Frauen in der Nachfolge Jesu in neutestamentlicher Zeit 123

den Frauen oft auch ein Konflikt *innerhalb* einer Frau sein. Man versuche sich solche Situation konkret vorzustellen und man versteht, wie es zu diesem Konflikt zwischen Martha und Maria kommt.
Jesu Antwort kritisiert Martha, so wie seine Antwort in 11,28 die Seligpreisung der Maria kritisiert, die sie auf Bauch und Brüste reduziert hat.
Die kritische Antwort Jesu lautet in 10,41 f: »Martha, Martha, du machst dir viele Sorgen und Mühen. Aber nur Eines ist notwendig. Maria hat das gute Teil gewählt, das soll ihr nicht genommen werden«[97]. Die entscheidende Frage ist: Wird in der Antwort Jesu Martha gedemütigt oder wird sogar ihrem Verhalten bescheinigt, daß es zur Hölle führt? Wenn man ἀγαθὴ μερίς komparativisch übersetzt, wird Marthas Arbeit abgewertet: Sie hat das schlechtere Teil erwählt. Mag sie gedemütigt in die Küche zurückgehen! Nun wird man jedoch »das gute Teil« eschatologisch verstehen müssen[98]. Das »gute Teil«, das Maria erwählt hat, ist das ewige Heil. Wird durch die eschatologische Füllung der Antwort Jesu die Sache nicht noch schlimmer? Hat Martha nun ihr Teil bei den Gottlosen? – Aus der Geschichte selbst – aber auch aus Lk 11,27 f – ist klar, daß dies nicht beabsichtigt ist. So wenig die Mutter Jesu, weil sie seine Mutter ist, im Lukasevangelium abgewertet wird, so wenig soll Marthas Arbeit abgewertet werden. Es geht darum, daß die Frauen in der Nachfolge Jesu nicht auf die Rollen der Hausfrau und Mutter reduziert werden. Maria soll in Lk 10,38-42 nicht gegen Martha ausgespielt werden. Die Antwort Jesu wäre für unser heutiges Empfinden noch überzeugender ausgefallen, wenn er schon gleich, nicht erst nach Marthas Beschwerde, mit Maria in die Küche gegangen wäre und alle drei hätten das Esssen zubereitet ... – Aber das ist nicht der Erfahrungshorizont des frühen Christentums. Das gute Teil, das Maria erwählt hat, soll auch Martha erwählen, dies ist die implizite Mahnung Jesu. Jesus verteidigt hier Frauen in der Nachfolge Jesu gegen Zwänge, die sie auf die Hausfrauen- und Mutterrolle reduzieren wollen. Faktisch rechnet er nun unbefangen mit der »Doppelbelastung«. Martha wird beides schaffen müssen – und so wird es in den Christenhäusern des ersten Jahrhunderts auch praktisch ausgesehen haben: Die Frauen arbeiteten für das Wort Gottes *und* versorgten den Haushalt (und arbei-

teten beruflich). In den Häusern der reichen Christen – wie bei Lydia – wird man den Sklavinnen diese Doppelrolle zugemutet haben. Sie durften sicher dem Apostel Paulus zuhören, als er bei Lydia zu Gast war (Apg 16,15). Allerdings mußten sie ihre Hausarbeit verrichten. Heutigen Vorstellungen von der Frauenrolle (oder gar heutigen Gedanken über Sklaverei) mag die hier im Lukasevangelium vorgetragene Lösung unzureichend erscheinen. Trotzdem ist m. E. ein ganz entscheidender Schritt vollzogen, wenn Frauen nicht mehr auf diese Frauenrolle *reduziert* werden.

In der Alten Kirche hat man Lk 10,38-42 symbolisch gedeutet: Martha repräsentiert die vita activa und Maria die vita contemplativa[99]. In der modernen Auslegung wird die Erzählung auch nicht als Problem von Frauenrollen begriffen, z. B. wenn es heißt, daß diese Geschichte »das einzig wertvolle Streben« lehre[100]. Solche Deutungen entstehen, wenn man in der Deutung der Erzählung Martha vergißt, Maria von Martha isoliert, und wenn man keine Vorstellung von der Realität des hier beschriebenen Konflikts hat und ihn nur als symbolisch für etwas anderes begreifen kann. Im Kontext des Lukasevangeliums und im Kontext der Geschichte der Frauen in der Nachfolge Jesu ist die Geschichte – wie Lk 11,27 f – eine Reflexion von Frauenrollen. Viele symbolische, spiritualisierende oder allegorisierende Deutungen von biblischen Traditionen haben die biblische Konkretheit beseitigt und mit der gewonnenen überzeitlichen Allgemeinheit Menschen um ihre Geschichte gebracht. Durch eine spiritualisierende Deutung der Seligpreisung der Armen geriet in den Hintergrund, daß wir den armen Juden Palästinas im 1. Jahrhundert die Hoffnungen zu verdanken haben, die wir aus den Evangelien lernen. Durch eine symbolische oder verallgemeinernde Deutung von Maria und Martha gerät vollends in Vergessenheit, wieviele Frauen die Verkündigung dieses Evangeliums mitgetragen haben; nicht einzelne herausragende »große« Frauen, sondern die vielen Frauen bei den Bettelarmen in Palästina wie die vielen Frauen in den Gemeinden, die Paulus und Lukas kennen. Die Geschichte von Maria und Martha handelt nämlich nicht von den Problemen einzelner großer Frauen, sondern von dem Alltagsproblem der Frauen der kleinen Leute, die sich in die praktische Nachfolge Jesu begaben.

Anmerkungen

1 Zur faktischen vermögensrechtlichen Autonomie im Bereich des römischen Rechts s. M. Kaser, Das römische Privatrecht, München ²1971 (HAW X, 3.3.1), 329; im Griechenland der klassischen und hellenistischen Zeit s. K. Thraede, Artikel: Frau, in: RAC VIII, 1970, 199 bzw. ders., Ärger mit der Freiheit, in: G. Scharffenorth – K. Thraede, »Freunde in Christus werden . . .«, Gelnhausen 1977, 46 f.
Ob sich Familien der jüdischen Oberschicht in Palästina und den Provinzen überhaupt an jüdische Rechtsvorstellungen gehalten haben und nicht an römisch-hellenistisches Recht, wird zu fragen sein, da dies zum mindesten für die Scheidungspraxis belegt ist, s. Josephus, Ant. XV, 259; XVIII, 136; vielleicht auch Vita 415.
2 Siehe R. Étienne, Pompeji. Das Leben in einer antiken Stadt, Frankfurt o. J., 169-172 (vgl. die Ausg. Stuttgart 1974).
3 Siehe Ägyptische Urkunden aus den Staatlichen Museen zu Berlin, Griechische Urkunden IV, Berlin 1912, Nr. 1116; dt. Übersetzung H. Thierfelder, Unbekannte antike Welt, Gütersloh 1963, 72 f; s. auch H. Metzger, Nachrichten aus dem Wüstensand, Zürich 1974, 29 f.
4 Sammelbuch griechischer Urkunden aus Ägypten X, Wiesbaden 1971, Nr. 10532; s. auch Text und Übersetzung in: Griechische Papyri aus Ägypten als Zeugnisse des öffentlichen und privaten Lebens, ed. J. Hengstl, München 1978, 357 f; für weitere Belege s. Papyrus Warren 12 in eben genannten Sammlung 360 f oder z. B. H. Dessau, Inscriptiones Latinae Selectae Vol. II, 1, Berlin 1955, Nr. 7370: Eine domina-Herrin setzt ihrem Gutsverwalter einen Grabstein.
5 Corpus Papyrorum Judaicarum I, ed. V. A. Tcherikover und A. Fuks, Cambridge, Mass. 1957, Nr. 28 Z. 25 ff; Nr. 47; Nr. 41.
6 Sueton, Claudius 18 f; weiteres Material zu unternehmerischer Tätigkeit von Frauen bei Thraede 1970, 204.223; 1977, 46.78. S. auch L. Huchthausen, Zu kaiserlichen Reskripten an weibliche Adressaten aus der Zeit Diokletians, in: Klio 58, 1976, 55-86.
7 Zu Sabina Poppaea s. vor allem Sueton, Nero 35; Otho 3; Tacitus, Ann. 13,45 f; 14,64. S. auch D. Balsdon, Die Frau in der römischen Antike, München 1979, 137 ff.
8 Ovid, Ars amatoria 239 f; Übersetzung aus: P. Ovidius Naso, Liebeskunst, Lateinisch-deutsch, München 1969. Gehässig, aber kaum nur Erfindung sind Behauptungen Juvenals über die Machtbesessenheit der Frauen und die Willkür, mit der sie auch einen Sklaven grundlos ans Kreuz schlagen lassen, Juvenal, Sat. 6, 219 ff.
9 So der Titel eines Artikels von M. J. Finley (The Silent Women of Rome, in: Horizon VII, 1965, 57-64).
10 Siehe nur die entsprechenden Haßreden Juvenals (Sat. 6, 434 ff).
11 Siehe bes. Juvenal, Sat. 6, 595 ff (vgl. auch 6, 360 ff). Man muß allerdings dabei einrechnen, daß Schwangerschaftsverhütung und Abtreibung nicht immer klar unterschieden werden, und daß Verhütungsmittel, die in der medizinischen Literatur der Antike besprochen werden, nur teilweise wirksam sind und daß zwischen Verhütungsmitteln und Mitteln, die Sterilität bewirken, u. U. ebenfalls nicht unter-

schieden wird. Umfassende Diskussion bei K. Hopkins, Contraception in the Roman Empire, in: Comparative Studies in Society and History 1965, 124-151.
12 Als Beispiel s. die 6. Satire Juvenals. Weiteres Material ist zusammengestellt bei L. Friedländer, Darstellungen aus der Sittengeschichte Roms I, Leipzig [10]1922, 283 f.
13 Musonius, s. Joh. Stobäus, ed. C. Wachsmuth – O. Hense, Bd. II, Berlin[2]1958, 238 bes. Z. 9; 244 bes. Z. 19 f; dt. Übersetzung in: Epiktet, Teles und Musonius, übertragen und eingeleitet von W. Capelle, Zürich 1948.
14 Valerius Maximus, Factorum Dictorumque Memorabilium Libri Novem, VIII, 3,2.
15 Valerius Maximus II, 1,3. Zum Ideal der univira s. Thraede 1970, 218.
16 Valerius Maximus IV,4 init.
17 Valerius Maximus II, 1,2. Weitere Information zur »konservativen ›Nestideologie‹« (Thraede) der römischen Oberschicht s. bei Thraede 1970, 215; 1977, 79 ff; Balsdon (s. Anm. 7), 229.
18 Plutarch, Coniugalia praecepta (Mor. 138A ff), bes. 140A und 140D.
Dt. Übersetzung: Plutarch, Von der Ruhe des Gemütes und andere philosophische Schriften (Bibliothek der alten Welt), Zürich 1948, 93 ff.
19 Siehe z. B. Juvenal, Sat. 6, 526 ff. Weiteres Material s. bei Friedländer I, 302 ff und S. K. Heyob, The Cult of Isis among Women in the Graeco-Roman World, Leiden 1975. Frauen die eine andere Religion als ihre Männer haben z. B. bei Tertullian, Apol 13; 1 Kor 7; Josephus, Bell. jud. II 560 f.
20 Siehe dazu etwa Thraede 1977, S. 79 ff; R. I. Frank, Augustus' Legislation on Marriage and Children, California Studies in Classical Antiquity 8, Berkeley 1975, 41-52.
21 Valerius Maximus III, 8,6 vgl. VIII,8. Allenfalls als heroische Ausnahme ist solch ein Auftritt denkbar, s. VIII, 3,3.
22 So ist aus Ovid, Tristia 2, 207 ff zu schließen.
23 Tristia 2, 239 ff verteidigt sich Ovid vor dem Kaiser mit dem Hinweis auf Ars am. 1,31-34. Sein Werk habe nicht gegen Gesetzesbestimmungen verstoßen. Er habe von seinem Werk alle Frauen ferngehalten, die man, weil sie Schleier und Schleppe tragen, nicht anrühren darf. W. Stroh, Ovids Liebeskunst und die Ehegesetze des Augustus, Gymnasium 86, 1979, 323-352 zeigt den Zusammenhang der Ars am. mit den kaiserlichen Ehegesetzen. Einerseits sichert Ovid sich ab, andererseits mokiert er sich über die Ehegesetze.
24 Siehe Dio Cass 54,16,5; s. auch Macrobius, Saturnalia 2,5,6: Livia tritt in der Öffentlichkeit umgeben von einer abschirmenden Gruppe älterer Männer auf – im Gegensatz zu ihrer Stieftochter Julia, die von jungen und eleganten Menschen begleitet wird. Zur Sache gehört auch Tacitus, Ann. 5,1,5.
25 Siehe dazu besonders Sueton, Aug. 62; Tacitus, Ann. 5,1.
26 Dio Cass 54, 16,5.
27 Tacitus, Ann. 13,45f.
28 Siehe etwa die Analyse von Livius 34,2-8 bei Thraede 1977, S. 82 f. Insbesondere ist auf Livius 34,2,4 und 34,5,5 zu verweisen. Siehe auch die Rede des Augustus bei Dio Cass 56,1-10 (Zur Frauenrolle 56,3,3).

29 Text und Übersetzung: Römische Grabinschriften, gesammelt und ins Deutsche übertragen von H. Geist, betreut von G. Pfohl, München 1969, Nr. 22 (=Dessau 8444).
30 Xenophon, Oikonomikos VIIff; XIIff (dt. Übersetzung s. K. Meyer, Xenophons »Oikonomikos«, Marburg 1975).
31 Columella, Agr. XII praef. Dt. Übersetzung: Columella, Über die Landwirtschaft, übers. v. K. Ahrens, Berlin 1976.
32 Columella XII, 3,6.
33 Antipater v. Tarsus bei Stobäus, ed. Wachsmuth-Hense, Bd. IV, Berlin ²1958, 509 Z.12ff.
34 Plinius d. J., Ep. X, 96,7f; s. dazu A. Wlosok, Rom und die Christen, Stuttgart 1970, 32f. Der Katalog der von (ehemaligen) Christen nicht begangenen Verbrechen ist nicht von Seiten der Christen – etwa durch den Dekalog – definiert: »keine Diebstähle, keine Räubereien (latrocinia), keine Ehebrüche zu begehen, nicht gegen Treu und Glauben zu verstoßen (fidem fallere), nichts Hinterlegtes abzuleugnen«. Der politische Zusammenhang ist am deutlichsten für latrocinium = bewaffneter Aufruhr (s. dazu M. Hengel, Die Zeloten, Leiden ²1976, 24ff). Zur Interpretation des Textes s. A. N. Sherwin-White, The Letters of Pliny, Oxford 1966, 706f; R. Freudenberger, Das Verhalten der römischen Behörden gegen die Christen im 2. Jahrhundert, München 1967, 168f, der allerdings aus der unpolitischen Haltung der Christen zu Unrecht folgert, daß damit hier der politische Gesichtspunkt in den Hintergrund trete.
35 Athenagoras, Suppl. 31.
36 Diod Sic III, 13,1-3. Auch Christinnen sind später zur Bergwerksarbeit verurteilt worden, s. F. Augar, Die Frau im römischen Christenprozeß, TU, N. F. 13,4, 1905, 78.
37 Columella XII, 3,6; Für die hier vorgetragene Interpretation s. auch H. Gummerus, Der römische Gutsbetrieb, Leipzig 1906 (Neudruck 1979), 89f.
38 Columella XII praef. 4f.
39 Siehe auch die eher zufällige Erwähnung von Kindern der pauperculi in der Landarbeit, Varro I 17.
40 Martyrium Pionii 9.4 (Ausgewählte Märtyrerakten, Neubearbeitung der Knopfschen Ausgabe von G. Krüger, 4. Aufl. mit einem Nachtrag von G. Ruhbach, Tübingen 1965, 50). Die ehemalige Sklavin Sabina wird von ihrer Freilasserin gefesselt in die Berge geschickt, um sie von ihrem Christenglauben abzubringen, d. h. sie wird vermutlich auf einen Bauernhof in ein Ergastulum geschickt; zur Interpretation s. J. Scheele, Zur Rolle der Unfreien in den römischen Christenverfolgungen, Dissertation Tübingen 1970, 63.
41 Alle Wörter stammen aus Pollux, Onomasticon I 222; VII 141f.150. Weitere Belege bei P. Herfst, Le travail de la femme dans la Grèce ancienne, Utrecht 1922, 15-17, dessen Urteil, daß die Rolle der Frau in der Landwirtschaft nur wenig wichtig gewesen sein könne, durch die oben genannten Probleme der Quellenlage verursacht ist und nicht zutrifft, wie auch sein eigenes Material erkennen läßt.
42 Siehe Mischna Baba Mezia VII, 6; s. auch S. Krauß, Talmudische Archäologie, Leipzig 1911, II, 46.

43 Ich verweise hier nur pauschal auf J. Le Gall, Métiers de femmes au Corpus Inscriptionum Latinarum, in: Revue des Études Latines, Mélanges Marcel Durry, T. XLVII bis, 1969, 123-130. S. auch das leicht zugängliche Material in der Auswahl: Römische Grabinschriften (s. o. Anm. 29), Nr. 130. 132. 174. 175. 195. 207. 248. 251. 252. 253. 259. 275-280. 292. 358. 361. 377. 378. 385.

44 Siehe dazu das Material bei S. Treggiari, Jobs for Women, in: American Journal of Ancient History I (1976) 76-104. Sehr anschaulich karikiert Plautus den weiblichen Bedienungsstab reicher Damen in: Plautus, Miles glor. 678-722 und Trin. 252-254.

45 Papiri greci e latini VI, 599; dt. Übersetzung: H. Thierfelder, Unbekannte antike Welt, Gütersloh 1963, 71; zur Interpretation s. H. Thierfelder, Zur sozialen Lage der Weber in Ägypten, in: Zeitschrift für Geschichtswissenschaft 5 (1957) 118-123.

46 Der Maximaltarif des Diocletian (erläutert von H. Blümner, Berlin 1893) 20,12; 20,13; 21,6; dt. Übersetzung bei K. Bücher (s. Anm. 47), 228ff.

47 K. Bücher, Beiträge zur Wirtschaftsgeschichte, Tübingen 1922, 217.

48 Ein Beispiel: Pap. Rylands II 167 (Ägypten 39 n. Chr.), Text und Übersetzung s. bei Hengstl - o. in Anm. 4 - Nr. 148.

49 Es besteht m. W. kein Anlaß, sich Prisca und Aquila als wohlhabendes und weltläufiges »Unternehmerehepaar« (Thraede 1977, 97) vorzustellen. Die wahrscheinlichste Annahme ist m. E. die, daß Paulus, Aquila und Prisca Decken für römische Militärzelte herstellten. In Apg. 18,3 ist die Lesart des Sinaiticus usw. (ἠργάζοντο) vorzuziehen. Der Singular im Westlichen Text ist ein Bestandteil der eindeutigen und nachträglichen Versuche, die Rolle der Prisca insgesamt zurückzudrängen; s. dazu A. v. Harnack, Über die beiden Recensionen der Geschichte der Prisca und des Aquila in Act. Apost. 18,1-12, = Sitzungsberichte der Königlich-Preußischen Akademie der Wiss. zu Berlin, Jg. 1900. I.II. Apg. 18,3 besagt, daß Paulus »bei ihnen«, also Prisca und Aquila, blieb und daß sie (und zwar nicht nur Paulus und Aquila) alle drei gemeinsam in ihrem gemeinsamen Beruf arbeiteten (anders W. Michaelis, ThW VII, 395).

50 S. dazu W. Stegemann, in: L. Schottroff - W. Stegemann, Jesus von Nazareth. Hoffnung der Armen, Stuttgart 1978, besonders 109-113.

51 Nur für die Frau, die Jesus im Hause Simons des Aussätzigen salbt, ist zu erwägen, ob in ihr eine vermögende Frau dargestellt wird, die schon in Palästina mit der Jesusbewegung zum mindesten sympathisiert (Mk 14,3-9). Vermögend wird sie wohl sein, wenn sie 300 Denare für Parfümöl ausgeben kann. Für Lukas war sie eine Dirne (Lk 7,36-50). Daß allerdings diese Geschichte in die palästinische Jesusbewegung gehört, ist unwahrscheinlich wegen der Art, wie hier über die Armen gesprochen wird: als Objekte für Almosen, die noch dazu relativiert werden (Mk 14,7). Die Geschichte deckt sich in ihrer Optik der sozialen Verhältnisse mit der Optik des Markusevangeliums: die Christen der markinischen Gemeinden sind nicht πτωχοί / bettelarm, aber trotzdem kennen sie Wohlstand nur aus der Entfernung. Zu teurem Parfümöl fällt ihnen nur ein, daß man es zu Geld machen sollte. Es ist dieselbe Optik wie Mk 10,17-31. Diese Texte gehören in eine andere Situation als die Selig-

preisung der Armen und der Jubel über die eschatologischen Wunder an Krüppeln und Armen (Mt 11,2-5 par.; Lk 6,20f).

52 Für die hier vorausgesetzten methodischen Schritte der Rekonstruktion älterer Traditionen über Jesus s. L. Schottroff aaO. (s. Anm. 50) 9ff. 54f.

53 S. dazu L. Schottroff aaO. (s. Anm. 50) 63.

54 Lk 16,18 wird zwar i. W. auf die Logienquelle zurückgehen, kann aber im Zusammenhang der Logienquelle mit der sie bestimmenden Gerichtspredigt nicht auf innergemeindliche Probleme mit Scheidungen gerichtet sein, sondern wird gegen eine bestimmte Praxis der Folge von Scheidung und Wiederheirat außerhalb der Gemeinde gerichtet sein; diese These verdanke ich P. Nickel.

55 So läßt sich aus Philo, de spec. leg III 158ff folgern. Im Codex Hammurabi findet sich eine Regelung, die ausdrücklich dem Flüchtling seinen Anspruch auf seine verlassene Ehefrau bestreitet, falls sie inzwischen eine neue Ehe eingegangen ist, s. W. Eilers, Die Gesetzesstele Chammurabis, Leipzig 1936, § 136.

56 S. dazu L. Schottroff, aaO. (s. Anm. 50) 25f.

57 S. dazu besonders L. Swidler, Women in Judaism, Metuchen, N. J. 1976, 130-139.

58 Der Text selbst erörtert den Grund ihrer Vorsicht nicht. An Verunreinigung durch die Berührung denken Billerbeck I, 520 und R. und M. Hengel, Die Heilungen Jesu und medizinisches Denken, in: Medicus Viator (Festschrift R. Siebeck), Tübingen 1959, 338f, an Scham über ihre Krankheit denkt E. Klostermann, Das Markusevangelium (HNT 3), Tübingen [4]1950, z. St.

59 Plinius d. Ä., Nat. hist. VII 64; XXVIII, 23

60 Dort konnte man sehr nüchterne und aufgeklärte Kenntnisse über Menstruation und Frauenkrankheiten erwerben. Die therapeutischen Möglichkeiten, die etwa Soranus (2. Jh. n. Chr.) in seiner Gynäkologie (Kapitel XI) für den Blutfluß empfiehlt, dürften aber für die Frau, von der Mk 5,25ff berichtet, aus finanziellen Gründen kaum in Frage gekommen sein. Die Ärzte, die dieser Frau ihr (sicher nicht sehr grosses) Geld abgenommen haben, sind kaum so gut ausgebildet und werden eine so differenzierte Therapie mit großem Pflegeaufwand gar nicht versucht haben.

61 S. dazu etwa die Diskussion in R. Pesch, Das Markusevangelium II, Freiburg 1977, z. St.

62 Zu diesem Sinn von διακονία s. die Bezeichnung διάκονος Χριστοῦ bzw. θεοῦ (2 Kor 11,23; 6,4) und das Material und die Argumente bei D. Georgi, Die Gegner des Paulus im 2. Korintherbrief, Neukirchen 1964, 32-38.

63 Siehe die Textgeschichte von Apg 17,12.4 und zur Rolle der Prisca in Apg 18,1ff; s. dazu schon oben Anm. 49.

64 M. Hengel, Maria Magdalena und die Frauen als Zeugen, in: Abraham unser Vater, Festschrift für O. Michel, Leiden 1963, 243-256, besonders 253, sieht diesen Zusammenhang zu Recht (anders z. B. R. Pesch, Das Markusevangelium II, 536), hält ihn allerdings für vormarkinisch. Seiner These, daß Maria Magdalena »den Jüngern als erste die Botschaft von der Auferstehung des Herrn« brachte, ist m. E. zuzustimmen (s. besonders 256).

65 S. vor allem Billerbeck III 560; Hengel, aaO. (s. Anm. 64) 246.

66 Die Diffamierung der Christen wegen der Rolle der Frauen in ihren Gemeinden

und auch speziell wegen ihrer Rolle in der Osterverkündigung beruht nicht auf solchen speziell jüdischen oder juristischen Zusammenhängen, s. vor allem Celsus bei Origenes, c. Cels. II 55 und Lk 23,2 im Text Marcions (der Anklage gegen Jesus wird hinzugefügt, daß er Frauen und Kinder abspenstig mache). Siehe dazu auch unten bei Anm. 89.

67 So W. Bousset, Kyrios Christos, Göttingen ⁵1965,65; R. Bultmann, Die Geschichte der synoptischen Tradition, Göttingen ⁴1958, 308.
Berichte von Erscheinungen Jesu wie 1 Kor 15,3-8 und ein Bericht wie Mk 16,1-8 scheinen mir weder formgeschichtlich noch theologisch noch historisch weit voneinander entfernt zu sein: auch in Mk 16,1-8 geht es um die Beauftragung mit der Verkündigung der Auferstehungsbotschaft.

68 Siehe dazu L. Schottroff, Das Magnificat und die älteste Tradition über Jesus von Nazareth, EvTh 38,1978, 298ff und L. Schottroff – W. Stegemann, aaO. (s. Anm. 50) 42.

69 Aboth 2,7 und 1,5 (vgl. Sir. 9,9); s. dazu z. B. J. Leipoldt, Die Frau in der antiken Welt und im Urchristentum, Leipzig ³1965, 62.67 oder A. Oepke ThW I, 782. Siehe zu diesen Fragen auch unten Anm. 95.

70 K. Thraede, 1970, 224f.

71 Zu dieser Differenzierung s. besonders E. Schüssler-Fiorenza, Women In The Pre-Pauline And Pauline Churches, in: Union Seminary Quarterly Review 33 (1978) 153-166. S. auch E. Schüssler-Fiorenza im vorliegenden Band. Zu Gal 3,28 s. besonders H. Thyen, in: F. Crüsemann und H. Thyen, Als Mann und Frau geschaffen, Gelnhausen 1978, 107ff.

72 Vor allem G. Theißen hat diese Fragen detailliert untersucht (s. jetzt G. Theißen, Studien zur Soziologie des Urchristentums, Tübingen 1979, 201ff). Er kommt allerdings zu dem Ergebnis, daß die paulinischen Gemeinden sozial gemischt zusammengesetzt sind. Die Auseinandersetzung mit Theißens Argumenten kann hier leider nicht detailliert geführt werden. Die Charakteristiken von Personen (als »Stadtkämmerer« Röm 16,23 u. a. m.) bleiben durchweg doppeldeutig, wenn man ihren wirtschaftlichen und sozialen Status erfragen will, wie Theißen selbst zeigt. Ist Phöbe (Röm 16,1f) eine wohlhabende Gönnerin in der Art der Lydia in Apg 16, 11ff oder ist sie eine Frau, die zwar über ein Haus verfügt, das sie Paulus und der Gemeinde öffnet, deshalb aber noch lange nicht wohlhabend? Auch die Tatsache der Reise bleibt doppeldeutig, es kann z. B. Ortswechsel auf der Suche nach besseren Arbeitsbedingungen sein wie auch bei Aquila und Prisca, s. dazu schon oben Anm. 49. Das entscheidende Argument scheint mir 2 Kor 8 zu sein. Es besteht ein wirtschaftliches Gefälle zwischen Korinth und den mazedonischen Gemeinden. Aber auch die reichere korinthische Gemeinde ist nicht so wohlhabend, daß sie sich nicht gegen die Sammlung für die Bettelarmen in Jerusalem mit dem Argument wehren könnte, sie käme dadurch selbst in Not (8,13).

73 Zu den Eigennamen s. H. Lietzmann, An die Römer (HNT 8), Tübingen ³1928, z. St.

74 S. dazu besonders B. Brooten, »Junia. . . Outstanding among the Apostles« (Romans 16:7), in: Women Priests, ed. by L. and A. Swidler, New York 1977, 141-144.

75 Zu diesem Sinn von προστάτις s. vor allem H. Schaefer, PW Suppl. 9 (1962) 1302f.
76 Daß der Gebrauch von κεφαλή hier nicht eine Beziehung von oben nach unten im Sinne einer Überordnung und Macht ausdrücken soll, ist nicht einleuchtend. Paulus knüpft hier vermutlich nicht an einen ausgeprägten metaphorischen Gebrauch von κεφαλή an, sondern spielt zwischen dem konkreten Wortsinn (Kopf) – s. z. B. die Doppelsinnigkeit des Wortes in V.5, wo κεφαλή den Mann oder den Frauenkopf meinen kann – und dem Rang des Kopfes gegenüber dem Körper. Immer wieder betont er die Vorrangigkeit des Mannes und die Ungleichheit von Mann und Frau: sie ist »aus« ihm, *nicht* aber er aus ihr (V.8 vgl. V.9.5.14f). Die Beziehung, die mit κεφαλή gemeint ist, ist nicht umkehrbar.
Anders R. Scroggs, für den κεφαλή im metaphorischen Sinn die »Quelle« bedeutet und 1 Kor 11,3 dann ein Midrasch zu Gen 2 ist und nicht männliche Herrschaft behauptet (s. besonders R. Scroggs, Paul and the Eschatological Woman: Revisited, in: Journal of the American Academy of Religion 42, 1974, 534f).
77 Diese Deutung vertritt – vorsichtig – H. Conzelmann, Der erste Brief an die Korinther (Meyer K V[11]), Göttingen 1969, 218.
78 So A. Oepke ThW III, 564, u. a.
79 So S. Lösch, Christliche Frauen in Korinth, in: Theologische Quartalschrift 127 (1974) 216-261, u. a.
80 S. die Ara Pacis; dazu wie überhaupt zu dieser Frage H. Brandenburg, Studien zur Mitra, Münster 1966, besonders 102-108; H. Blanck, Einführung in das Privatleben der Griechen und Römer, Darmstadt 1976, 60ff; für unsere Frage besonders aufschlußreich: A. Rüsch, Das kaiserzeitliche Porträt in Mazedonien, in: Jahrbuch des Deutschen Archäologischen Instituts 84, 1969, 59-196: Auf Grabmälern sind Ehefrauen mit über den Kopf gezogenem Himation zu sehen, aber ebenso Ehefrauen mit unbedecktem Kopf.
81 Diese Frage ist umstritten, s. dazu besonders S. Krauß, Talmudische Archäologie, Leipzig 1910, I, 189 (keine Verschleierung der Jüdin); E. Marmorstein, The Veil in Judaism and Islam, in: The Journal of Jewish Studies 5 (1954) 1-11 (die Jüdin in der Stadt ist verschleiert).
82 Verschleierung des Gesichtes wird z. B. bei Dio Chrysost XXXIII, 48 beschrieben. Paulus redet vom Bedecken des *Kopfes* bzw. dem Fehlen der Kopfbedeckung V. 4. 5. 6. 7. 10. 13. Auch V. 15: περιβόλαιον ist Umhang, nicht Schleier.
83 Valerius Maximus VI, 3,10 berichtet von der Härte des C. Sulpicius Gallus, der seine Frau entließ, weil sie mit unbedecktem Kopf in der Öffentlichkeit gesehen worden sei, und er urteilt: »ein scharfes Urteil, dem es jedoch nicht an Gründen fehlte«.
Philo, de spec. leg. III 56 sagt über das Verfahren gegen die des Ehebruchs verdächtige Frau nach Num 5,18 im Unterschied zum alttestamentlichen Text (und auch zu Num 5, 18 LXX), daß der Priester in diesem Verfahren der Frau ihre Kopfbedeckung (ἐπίκρανον) abnimmt, »damit sie mit entblößtem Kopf gerichtet werde, des Symbols der Scham beraubt, dessen sich die absolut unbescholtenen Frauen üblicherweise bedienen«. Im selben Zusammenhang sagt Josephus, daß der Priester der Frau das Himation vom Kopf ziehe. Auch die im Zusammenhang von 1 Kor 11 viel

zitierte Plutarchstelle (Quaest. rom. 14) sagt nicht, daß nach römischer Sitte *tatsächlich* die Frauen in der Öffentlichkeit den Kopf bedecken (s. vor allem den Komparativ συνηθέστερον und den Gedankengang im Kontext). Plutarch kennt diese römische »Sitte« vermutlich als Forderung. Es war also – in Rom wie überhaupt im Römischen Reich dieser Zeit – ein konservatives Frauenideal, das in der Forderung von moralorientierten Männern wie Valerius Maximus oder Augustus und in der Praxis bestimmter Frauen – die eben auf eine Demonstration ihrer besonderen Ehrbarkeit Wert legen –, zum Ausdruck kam. Für Augustus s. Dio Cass 54, 16, 5, auch wenn hier nicht speziell von der Kopfbedeckung geredet wird. Vgl. auch Ovid, Ars amat. I, 30ff u. ö., s. dazu schon oben. Auch Verschleierung wird als Ausdruck strenger Sitte benutzt worden sein, s. Tacitus, Ann. XIII 45f und Dio Chrysost XXXIII, 48. Die Kopfbedeckung der Frauen und Töchter eines freien Bürgers auf der Straße fordert im übrigen schon das mittelassyrische Rechtsbuch (s. R. Haase, Die keilschriftlichen Rechtssammlungen in deutscher Übersetzung, Wiesbaden 1963, S. 104: § 40).

84 Unberücksichtigt kann hier die Differenz zwischen Freien und Freigelassenen bleiben, wohl auch zwischen Freien und Unfreien. Freigelassene Frauen unterliegen zwar nicht denselben gesetzlichen und moralischen Forderungen wie die freie Matrone, es scheint jedoch keine massiven Differenzen in der faktischen Tracht zwischen Freien und Freigelassenen zu geben (es sei denn die Differenz, die auf unterschiedlichem Wohlstand beruht).

E. v. Dobschütz denkt an Libertine als »emanzipierte Weiber«, die in der korinthischen Gemeinde die »Seele der Opposition gegen den Apostel und seine ernste Zucht« seien (E. v. Dobschütz, Die urchristlichen Gemeinden, Leipzig 1902, 34f). Die Situation der Freigelassenen ist aber weniger durch Emanzipation in diesem Sinne als dadurch gekennzeichnet, daß sie leichter in die Grauzone einer Halbprostitution geraten, s. W. Stroh (aaO. – s. Anm. 23 –) 325f; 335f.

85 Siehe dazu L. Schottroff, Die Schreckensherrschaft der Sünde und die Befreiung durch Christus nach dem Römerbrief des Paulus, in: EvTh 39 (1979) 497-510.

86 So wird verbreitet gedeutet, s. nur A. v. Harnack, Die Mission und Ausbreitung des Christentums, Leipzig ⁴1924, 2, 596: er vermutet »starke Übergriffe« von seiten der Frauen. Worin sollten sie eigentlich bestanden haben?

87 Siehe nur M. Dibelius, Die Pastoralbriefe (HNT 13), 3. v. H. Conzelmann bearbeitete Aufl., Tübingen 1955, zu Tit. 2,5: »typisches Motiv der ›christlichen Bürgerlichkeit‹«.

88 Siehe dazu schon oben bei Anm. 34 und 35.

89 Siehe auch Porphyrius' Vorwurf der Weiberherrschaft gegen die Christen, s. A. v. Harnack, aaO. (s. Anm. 86) 599; s. auch schon oben Anm. 66.

90 3 Männer und 3 Frauen werden verhört und hingerichtet: s. die Acta Scilitanorum in: A. Wlosok, Rom und die Christen, Stuttgart 1970.

91 Siehe dazu schon oben bei Anm. 51 und 72.

Lukas hat die Vorstellung, daß schon Jesus und Paulus reiche Frauen für das Evangelium gewonnen haben, beides wird historisch nicht zutreffen. Erst in späterer Zeit gegen Ende des 1. Jahrhunderts beginnen Reiche eine Rolle in den Gemeinden zu spielen, wie Lukas selbst aber auch der Jakobusbrief zeigen.

Frauen in der Nachfolge Jesu in neutestamentlicher Zeit 133

92 »Lukas« bedeutet hier methodisch folgendes: Der Text hat im literarischen Kontext des Lukasevangeliums einen bestimmten Sinn, um den soll es hier gehen. Offen bleibt die Frage, ob Lukas auch der »Verfasser« dieser Geschichte ist. Auch vorlukanisch als isoliertes Stück würde sich ihr Sinn inhaltlich nicht verändern.
93 Wie wichtig dem Lukasevangelium das Hören auf das Wort Jesu (und damit Gottes) ist, kann man z. B. an Lk 8,21 diff. Mk sehen.
94 Aus einer römischen Grabinschrift, s. dazu oben bei Anm. 29.
95 Siehe Diogenes Laertius VI 96ff. Man sollte trotz der sozialgeschichtlichen Singularität der Rolle der Frau in der Nachfolge Jesu nicht Lk 10,38-42 gegen das Verhalten eines jüdischen Rabbis ausspielen, der meint, man solle Frauen nicht in der Tora unterrichten (Sota III, 4); z. B. W. Grundmann (Das Evangelium nach Lukas, Theologischer Handkommentar zum Neuen Testament III, Berlin o. J.) kontrastiert Lk 10,38-42 und Lk 8,2 mit dieser Mischnastelle. Im übrigen steht neben diesem Spruch auch gleich ein gegenteiliger in Sota III, 4: »Man ist verpflichtet seine Tochter Tora zu lehren . . .« Zur Sache s. schon oben bei Anm. 69.
96 Siehe oben zu Mk 1,31 und 15,40f bei Anm. 61.
97 Aus dieser Lesart des Textes (p[45], p[75] u. a. Handschriften) kann die Entstehung aller anderen am besten erklärt werden. Die Unruhe in der Textüberlieferung ist durch asketische Interessen der Alten Kirche verursacht, die hier lesen wollte, daß Jesus empfiehlt, mit dem Essen nicht so großen Aufwand zu treiben.
98 Ἀγαθὴ μερίς ist nicht der bessere Teil (so z. B. W. Bauer, Wörterbuch s. v.), sondern das gute Teil, der Anteil am Reiche Gottes. Für diese eschatologische Deutung spricht die Vorstellung vom eschatologischen μέρος z. B. in Offb. 22,19; 21,8; Lk 12,46 par., vor allem aber Lk 11,28 μακάριοι.
99 Siehe dazu und zu anderen symbolischen Deutungen Kommentare z. St.
100 So R. Bultmann, Die Geschichte der synoptischen Tradition, Göttingen [4]1958, 59. Vgl. auch M. Dibelius, Die Formgeschichte des Evangeliums, Tübingen[3] 1959, 116: Das Ganze sei vom Interesse an Maria und der Verheißung an sie beherrscht.

Eva Loos

Bibelarbeit mit Frauen

I.

Das Leben der Frauen, mit denen ich als Theologin in der landeskirchlichen Frauenarbeit zu tun habe, spielt sich im wesentlichen zwischen Kindern, Küche und Kirche ab. In der Kirchengemeinde gehören sie zu denen, die eben immer da sind, immer bereit, kleine Aufgaben zu übernehmen: Kaffee kochen, Gemeindebriefe austragen, Feste vorbereiten; seltener zu denen, die ein Amt haben als Leiterin eines gemeindlichen Frauenkreises oder als Kirchenälteste. Anders gesagt: Es sind in der Hauptsache die Frauen, ohne die Gemeindeleben, so wie es sich bei uns abspielt, nicht denkbar wäre. Sie verleihen dem sonntäglichen Gottesdienst durch ihren treuen Besuch seine Berechtigung und tragen durch ihre Anwesenheit viele Gemeindeveranstaltungen.

Zu den Höhepunkten ihres gemeindlichen Daseins gehören ein jährlicher Ausflug, eine Weihnachtsfeier, beides gekrönt durch die Anwesenheit des Pfarrers, der ansonsten gewohnt ist, die regelmäßigen Zusammenkünfte des Frauenkreises, sofern er keine geeignete Mitarbeiterin oder seine eigene Frau dafür hat, mit möglichst wenig Aufwand hinter sich zu bringen. Ich karikiere und bin sicher, daß es auch einige Gemeinden gibt, in denen es anders zugeht.

Die Bedeutung dieser Frauen – die ihre Abwesenheit von allen Gemeindeveranstaltungen sehr schnell hervortreten ließe – steht in einem krassen Mißverhältnis zu der Beachtung, die ihnen geschenkt wird. Weil sie sowieso da sind, braucht man sich über ihre Fragen, Bedürfnisse, Interessen und Anliegen keine Gedanken zu machen. Sie zeigen sich zufrieden, wenn man ihnen vorliest, eine Andacht hält, mit ihnen singt, das Gemeindefest ein voller Erfolg war, ihre Bastelarbeiten, ihr Kaffee und Kuchen viele Abnehmer fanden. In Dankesreden werden sie dann als die »guten Geister, die im Verborgenen wirkten«, bedacht. So finden sie in der Kirche wie zu

Bibelarbeit mit Frauen 135

Hause Anerkennung wegen der Treue und Zuverlässigkeit, mit der sie ihre Arbeit tun.

Freilich ist es keineswegs so, daß die Frauen ihre Reduktion auf die von ihnen erbrachten Dienstleistungen in der Kirche nicht merken. So sagte eine Frau anläßlich eines Gespräches darüber, was sie in der Gemeinde ärgert: »Mich ärgert, daß unsere Ideen und unsere Phantasie nicht ankommen«. Allen anders lautenden Predigtsätzen zum Trotz ist dies eine wesentliche Erfahrung von Frauen in der Kirche: Daß sie gebraucht, aber nicht ernst genommen werden. Da sich diese kirchliche Erfahrung mit der in Familie und Gesellschaft weitgehend deckt, fällt es ihnen schwer, ihren Ärger in Worte zu fassen. Jene Frauen, die sich darüber im klaren sind, die in beruflicher und politischer Tätigkeit ihre Fähigkeiten einsetzen können, sind in kirchlichen Frauengruppen allenfalls als Leiterinnen anzutreffen. Gebraucht zu werden, für was auch immer, darin liegt für die meisten Frauen schon Anerkennung genug. Gefragt zu werden, ist dagegen für viele so ungewohnt, daß sie es kaum vermissen. Fangen sie dann einmal an, irgendwo mitzureden, wird das häufig als lästig empfunden. Obwohl sie die häufigsten Predigtzuhörer sind, gilt ihre Meinung zu den Predigten als wenig interessant. Und sie ist auch selten interessant, da sie oft nicht mehr als stereotype Redewendungen enthält. Es wäre sinnvoll, diese Situation einmal theologisch-homiletisch zu reflektieren. Jener vielbeschworene Satz, daß der Glaube aus der Predigt kommt, würde dann in einem neuen Licht erscheinen. Denn ob das so ist, das scheint mir nach vielen Gesprächen mit Frauen ein zweitrangiges Problem zu sein. Elementarer dagegen ist die Frage, was für ein Glaube aus der Predigt kommt. Jener jedenfalls, der mir in Gesprächen mit Frauen immer wieder entgegentritt, erschreckt mich. Glaube, das ist etwas für die schweren Stunden des Lebens, in denen das Sichabfinden die einzige Bewältigungsmöglichkeit einer Lebenssituation ist. Beispielhaft äußert sich dieser Glaube, wenn anläßlich eines Geburtstages etwa ein Gesangbuchlied gewünscht wird. Denn dieses stammt – von wenigen Ausnahmen abgesehen – aus dem Liedgut unter der Überschrift: »Gottvertrauen, Kreuz und Tod«. Man hat sich daran gewöhnt, darüber zu lächeln und es der Sentimentalität dieser Frauen zuzuschreiben, anstatt zu fragen, warum sie trotz häufigen Gottesdienstbesuchs sozusagen nur die Hälfte des Evangeliums verstanden haben, warum ihr Gott so wenig die Züge des im Evangelium begegnenden Jesus trägt.

Seit ich selbst sensibler für unsere Situation als Frauen in der Kirche geworden bin, fällt mir vieles im Gottesdienst auf, was ich bis dahin auch einfach hingenommen habe. Prägender als die Bibellektüre im Gottesdienst bzw. die Predigt ist die Liturgie. Vor allem sind es die Gebete, da sie durch immer wiederkehrende feste Formulierungen am besten im Gedächtnis haften bleiben. Der Alltag einer Frau kommt in ihnen nicht vor. Ob Frau oder Mann, ob arm oder reich, ob einflußreich oder unwichtig, sie alle müssen sich sonntäglich zur gleichen Sünde bekennen, die Theologen als Ursünde des Menschen herausgefunden haben: Herrschsucht, Ichsucht, Lieblosigkeit – und all dies mit regelmäßiger Wiederkehr. Leider ist das mehr als Gedankenlosigkeit. Wieviel System dahintersteckt, wird deutlich, wenn man einmal die Diskussion um die Theologin im Pfarramt als symptomatisch für das Verhältnis von Theologie und Kirche zur Frau ansieht. Das grundsätzliche Problem, das nach meiner Meinung darin liegt, daß man über Jahrhunderte hinweg Verkündigung und diakonische Arbeit derart auseinanderreißen konnte, daß für Frauen nur Letzteres möglich war, ist in der Gegenwart mit einigen Frauen im Pfarramt nicht aus der Welt. Das Hauptproblem ist dabei nicht zuerst dies, daß Frauen von der Verkündigung ausgeschlossen werden konnten, sondern daß Verkündigung ohne Praxis möglich wurde oder kirchliche Verkündigung und kirchliche Praxis sich zueinander verhielten wie Befehl und Befehlsausführung. Die Rolle der Frauen zeigt in diesem Zusammenhang nicht nur die Aufspaltung von Predigt und Praxis, sie zeigt auch den Vorrang der Predigt vor ihr, der für Frauen kaum mehr als die Funktion des ausführenden »Befehlsempfängers« übrig ließ.

Ich habe Theologie studiert, weil ich selbst wissen wollte, was in der Bibel steht. Doch wo auch immer in kirchlichen Kreisen ich diese Absicht äußerte, da wurde mir zu verstehen gegeben, daß dieses Interesse ein sehr schlechtes Licht auf meine Weiblichkeit werfe. Es sei denn, ich habe bei dieser Gelegenheit vor, einen Mann zu finden, dem ich auf diese Weise eine besonders qualifizierte Gehilfin werden könne. Diese Erfahrung gab mir zu denken, als ich während meines Studiums in einer metallverarbeitenden Fabrik gearbeitet habe. Zusammen mit anderen Frauen saß ich 8 Stunden an einer Stanzmaschine und habe tausende von kleinen Plättchen plattgestanzt. Doch habe ich in kirchlichen Kreisen nie gehört, daß dies eine unweibliche Tätigkeit sei, oder daß es unmännlich sei, wenn der Kollege neben mir für die gleiche Arbeit mehr Geld bekommt. So wie ich die Bibel verstehe, hätten sich Theologen eher über solche Zustände ereifern müssen, als über das Interesse von Frauen an der Bibel und ihrer Auslegung. Daß diese Meinung sehr naiv ist, das muß ich leider zur Kenntnis nehmen. Gerade auch dann, wenn ich selbst die Bibel lese und feststellen muß, daß auch sie Fundgrube für die vielen unseligen Argumente gegen Frauen ist. Dennoch habe ich in ihr auch genug anderes gefunden, weshalb ich dieses Buch gerne lese und es mich wie kein anderes fasziniert. Und noch immer glaube ich, daß sich in der Kirche etwas ändern wird, wenn wir anders als gewohnt auf dieses Buch hören lernen.

II.

»Die Bibel ist doch dazu geschrieben, daß sie eine Wirkung hat«. Mit dieser Feststellung begann eine Frau ihre Anfragen anläßlich einer gemeinsamen Bibelarbeit. Und sie gab mir zu verstehen, daß nur eine Zustimmung meinerseits ein weiteres Gespräch mit mir sinnvoll mache. Besser hätte man für mein Empfinden gar nicht zusammenfassen können, worum es mir bei den Bibelarbeiten geht. Und während ich ihr zunickte, dachte ich: Wenn das vielen Theologen und Pfarrern doch auch nur so klar wäre, wie dieser Frau. Doch was dann kam, stellte mich sehr schnell wieder auf den Boden unserer kirchlichen Realität, in der zwar viele inhaltliche Äußerungen der Bibel, aber nicht eine bestimmte Art sie zu lesen und auf sie zu hören wirkungsvoll geblieben sind.
Wir hatten bei dieser Bibelarbeit über das sogenannte Kinderevangelium gesprochen (Mk 10,13-16 parr.). Dabei kamen die Probleme zur Sprache, die anscheinend Matthäus und Lukas mit dem sehr menschlichen Jesus des Markusevangeliums gehabt haben (er »ärgert« sich über die Jünger, »umarmt« die Kinder). Vor allem sprachen wir im Zusammenhang mit Mk 9,36f – wo von der Aufnahme

von unversorgten Kindern im Namen Jesu geredet wird – über das Verhältnis der christlichen Gemeinde zu den Kindern. Dabei ging es um ganz handfeste Probleme wie Kinderfeindlichkeit, Konkurrenzkampf in der Schule, Gastarbeiterkinder, die Situation der Kinder im eigenen Dorf, in der eigenen Gemeinde und Familie. Doch alle diese Probleme bzw. das Verhältnis der Kirche zu ihnen wurden gerade nicht als »Wirkung« des behandelten biblischen Textes begriffen. Vielmehr wurde mir folgender Vorwurf gemacht: Wir haben bisher über alles Mögliche geredet, aber von ihnen als Theologin erwarten wir mehr. Wir erwarten, daß sie uns den tieferen Sinn eines solchen Bibeltextes erklären.

Diese Reaktion erfahre ich immer wieder in Gesprächen mit Frauen über die Bibel. In einem anderen Kreis wurde von einer Frau das Problem der Wundergeschichten angesprochen: Kann man solche Geschichten heute eigentlich noch glauben? Wir lasen zusammen die Erzählung von der Speisung der Fünftausend (Mk 7,30ff). Ich bat, daß jede Frau zunächst einmal für sich aufschreibt, was ihr zu dieser Geschichte einfällt. Im anschließenden Gespräch trat dann interessanterweise die Frage nach dem Wunder in den Hintergrund. Dagegen fiel auf, daß in der Erzählung das Volk nicht zuläßt, daß sich die Jünger nach anstrengender Lehrtätigkeit zurückziehen und Jesus ihnen schließlich auch noch zumutet, das Hungerproblem zu lösen (»gebt ihr ihnen zu essen«), indem er sie auffordert, die vorhandene Speise unter allen zu teilen, die Jünger die Erfahrung machen, daß es nicht nur reicht, sondern noch Speise übrig bleibt. Ohne große Erklärungen war allen die Aktualität dieser Erzählung deutlich: Nicht mit Almosen, sondern durch Teilen wird das Hungerproblem gelöst, nur so geschieht das Wunder, daß alle satt werden. Doch als dann die Stichworte Entwicklungshilfe, Brot für die Welt, Ausbeutung der Dritten durch die Erste Welt, Änderung der Wirtschaftsverhältnisse in den reichen Ländern fielen, erwachte bei einigen das kirchlich eingeschärfte Gewissen: Darum könne es in dieser Geschichte, wenn überhaupt, nur an zweiter Stelle gehen. Wesentlicher sei das, was uns diese Geschichte über Jesus erzählt. Auch wenn man sich im Gespräch darüber klar wurde, daß diese praktischen Konsequenzen aus der Wundererzählung und die Bedeutung Jesu in ihr keine Alternativen sind, versuchte manche Frau, einen »tieferen« Sinn für die Erzählung zu

Bibelarbeit mit Frauen

retten: Hier geht es doch sicher um geistigen und wohl kaum um realen Hunger. Darin steckt der eigentliche Sinn der Geschichte.
Bei anderer Gelegenheit hatten wir im Gottesdienst über die Erzählung »Jesus bei Maria und Martha« (Lk 10,38ff) gesprochen. Abends machte eine Frau den Vorschlag, diese Begebenheit zu spielen. Sie war auch selbst bereit, die Rolle Jesu zu übernehmen. Nach einigem Zögern waren zwei andere Frauen bereit, die Rollen von Maria und Martha zu übernehmen. Es wurde ausgemacht, die Personen so zu spielen, wie jede sie sich vorstellte und den Ablauf der Szene dem Spiel selbst zu überlassen. Das Spiel begann dann mit einem »Jesus«, der zur Begrüßung den zwei Frauen um den Hals fiel, sich auf den Stuhl fallen ließ, die Schuhe von sich warf, Bier für seinen Durst verlangte und überschwenglich seiner Freude über das Wiedersehen Ausdruck gab. Auch wenn die beiden anderen Darstellerinnen noch versuchten, ihre Rolle im Rahmen der Geschichte zu halten, so wurde doch sehr schnell deutlich, daß aus der Rivalität zwischen Maria und Martha eine Solidarität der »Frommen« gegen einen sich so menschlich benehmenden Jesus wurde. Die beiden weigerten sich mit einem Jesus zu spielen, der es wagte, so aus dem frommen Bild zu fallen, das man sich von ihm gemacht hatte. Nach dem Spiel herrschte zunächst Schweigen. Einige fanden es besonders bedauerlich, daß so etwas im Raum der Kirche im Beisein einer Pfarrerin möglich gewesen war. Ich denke noch heute gerne an diesen »Jesus«, gespielt von einer 50jährigen Frau, die nicht bereit war, sich in Klischees frommer Ehrfurcht pressen zu lassen. Geprägt von kirchlicher Tradition blieb den meisten Tagungsteilnehmerinnen verschlossen, was diese Frau gespielt hatte: Nämlich eine kirchliche Mitarbeiterin, die es satt hatte, Christlichsein mit einer bestimmten Wohlanständigkeit und gutbürgerlicher Erziehung gleichzusetzen, die es satt hatte, ihre wahren Gefühle der Müdigkeit und Erschöpfung hinter einer stets freudig zum Dienst bereiten Maske zu verstecken.
Bei allen drei Beispielen richtet sich meine Kritik nicht gegen die Frauen, die die Frage nach dem »tieferen« Sinn biblischer Geschichten stellen, sondern zuerst gegen eine kirchliche Erziehung, die es fertig gebracht hat, die biblischen Geschichten so blutleer zu machen, daß man ihnen nur noch wie verstorbenen Heiligen begegnen darf. Gleichzeitig ist mir auch klar, daß ich selbst in vieler

Hinsicht die Angst vor der Konkretheit vieler biblischer Texte teile, weil sie eben nicht nur das gute bürgerliche Leben anderer, sondern auch mein eigenes in Frage stellen. Als Pfarrerin in der Bundesrepublik lebe ich ganz gut von diesen Heiligengeschichten und vor allem davon, daß ich der Bibel einen »tieferen« Sinn abgewinne, der alles so läßt wie es ist. »Die Bibel ist doch dazu geschrieben, daß sie eine Wirkung hat«. Obwohl die aus diesem Satz gezogene Konsequenz anders war, als ich mir zunächst vorstellte, ist er mir immer wieder in den Kopf gekommen, wenn ich mich fragte, worin denn die Wirkung unserer Gespräche über biblische Geschichten liegt. Dabei wird mir zunehmend eine Gefahr sehr deutlich, der auch ich in solchen Gesprächen erliege: Daß wir auf unterer Ebene das Theologengezänk um die richtige Auslegung eines Textes wiederholen. So werden die Texte kaum zum Leben erweckt, noch viel weniger uns zum Leben erwecken können.

III.

Aus der Reaktion auf eine schriftliche Auslegung von mir über Maria, die Mutter Jesu, habe ich gelernt, die Wirkung der biblischen Lektüre mit Frauen besser einzuschätzen. Zwei Frauen teilten mir ihre Empörung über meine Bibelarbeit so mit: Sie hofften, daß viele diesen Artikel in den Papierkorb werfen würden. Sie wußten auch, wie es möglich war, daß ich so über Maria schreiben konnte: Weil mir nach ihrer Meinung der richtige Glaube fehlt. Offenbar hatte ich ihr Heiligenbild von Maria zerstört. Denn Maria darf nach ihrer Ansicht nicht mit anderen Frauen auf eine Stufe gestellt werden, da Gott doch nicht im Ernst seinen Sohn in gleicher Weise habe auf die Welt kommen lassen wie alle anderen Kinder. Im weiteren Gespräch stellte sich heraus, daß ich für die beiden Frauen kein Gesprächspartner in Bezug auf Maria sein konnte. Daran ließen sie nicht rütteln, was sie als Vormeinung über die Mutter Jesu besaßen. Doch kamen wir – fast ohne Übergang – sehr rasch in ein Gespräch über die Lebensgeschichten der beiden Frauen. Ihre zu Bruch gegangenen Ideale konnten sie mir ohne Zögern mitteilen. Denn so viel hatten sie verstanden: Wenn ich schon Maria vom Sockel geholt hatte, dann brauchten auch sie mir gegenüber ihr bisher zur Schau getragenes Bild durch und durch »christlicher« Frauen, deren Leben nichts zu wünschen übrig läßt, nicht aufrecht zu erhalten. Solange wir über die Person Marias theologische Argumente austauschten, waren wir Gegner zweier theologischer Lager, mißtrauisch darauf bedacht, keinen Fußbreit Boden aufzugeben. Die Nähe, die wir im persönlichen Gespräch erlebten, überraschte uns beide, mich deshalb, weil wir für mein Empfinden über die gleichen Fragen sprachen, wie ich sie in meinem Beitrag aufgeworfen hatte. Im theologischen Gespräch konnten wir uns nur mißverstehen. Was für mich eine theologische Auseinandersetzung mit der kirchlichen Tradition von der Menschwerdung Gottes war – die, so wie sie gelehrt wird, an entscheidender Stelle über das Menschsein der Frau hinweggeht –, war für diese Frauen ein existentielles Problem. Nicht nur sie auch ich mußte von meinem Sokel herabsteigen.

Ich habe nicht genug Erfahrungen im gemeinsamen Bibellesen auch mit anderen Kreisen. Doch es drängt sich mir die Frage auf, ob nicht die Suche nach dem tieferen Sinn biblischer Texte einer tiefsitzenden Erfahrung von Frauen in der Kirche in besonderer Weise entspricht: Daß die Bibel vielfach dazu benutzt wurde, um ihre Abhängigkeit vom Mann mit einem »Heiligenschein« zu versehen. »Wir müssen nicht dienen, wir dürfen dienen« – mit diesem Satz beschreiben Frauen in der Kirche, worin für sie die Befreiungstat Jesu liegt. Anders ausgedrückt: Frauen müssen ihre »natürliche« – d. h. die ihnen auferlegte und als natürlich verstandene – Bestimmung nicht hinnehmen, sondern sie dürfen sie hinnehmen. Um das »neue Leben«, das damit gekennzeichnet werden soll, zu erfassen, dazu braucht man schon so etwas wie einen tieferen Sinn. Und an dem muß eine Frau gerade dann hartnäckig festhalten, wenn in Gesprächen über biblische Texte eben jener tiefere Sinn ihrer »natürlichen« Bestimmung durch diese Texte selbst infrage gestellt wird. Was den widersprüchlichen und teilweise bitteren Erfahrungen den Zug zur Idealität verleiht, droht in den Gesprächen über die Bibel verloren zu gehen, sofern man den Text erst einmal ohne den gewohnten Raster versteht, so wie er dasteht.

Ich möchte dies noch ein wenig an der Erzählung über die Begegnung Jesu mit Maria und Martha verdeutlichen. Eine beliebte Auslegung dieser Geschichte gipfelt darin, daß Jesus hier den Glauben

Marias über das Dienen der Martha stelle. Völlig unbeachtet bleibt allerdings, daß Jesus es für sich ablehnt, sich von einer Frau in der gewohnten Weise bedienen zu lassen, daß er es dagegen an anderen Stellen selbst tut und auch seine Jünger dazu auffordert. Nur darin kann ich das Befreiende des christlichen Dienens (»wir *dürfen* dienen«) sehen, daß dies nicht auf Frauen beschränkt bleibt. Und zwar nicht so, daß der »Dienst am Wort« Männersache, Kaffeekochen, Kircheputzen und Nachbarschaftshilfe Frauensache ist. Darin ist die christliche Dienstgemeinschaft nur ein Abbild der Gesellschaft überhaupt, ihrer hierarchischen Struktur, in der Frauen und besonders in ihrem Alltag »unten« angesiedelt sind. Diese Struktur hat Jesus infrage gestellt (etwa Lk 22,24-27). Die hier mit »dienen/ diakonein« gemeinten Tätigkeiten meinen ganz elementar solche für das leibliche Wohl und den Dienst im Haus, die in unserer Zeit den Tätigkeitsbereich der Frauen umfassen. Allerdings ist dem Text gerade nicht zu entnehmen, daß dieser christliche Dienst nur von den Frauen übernommen werden soll. Vielmehr sind alle gemeint – Männer wie Frauen. Wenn dies wörtlich genommen wird, wenn also das, was Frauen tagtäglich tun, auch von Männern getan nicht mehr lächerlich wirkt, werden sich auch die Beziehungen von Männern und Frauen in der Gemeinde ändern. Daran zu glauben fällt aber nicht nur Männern schwer, sondern in besonderem Maße den Frauen in der Kirche, die gelernt haben, daß sich ihr Christsein am augenfälligsten in dem äußert, was ihnen nach dem traditionellen Rollenverständnis ohnehin zufällt: Sorge für Mann, Kinder, Verwandte, Kranke, Nachbarn. Nicht dieser Dienst soll sich ändern, sondern es muß klar werden, daß diese Aufgabe allen gilt – nicht nur den Frauen.

IV.

In ihrer konkreten Situation nicht ernst genommen zu werden und nicht zu Wort zu kommen, dieses Los teilen in der Kirche neben den Frauen noch andere Gruppen. Auch Arbeiter sind in den oberen Leitungsgremien der Kirche kaum vertreten. Allerdings sind sie auch nicht – oder nur in sehr geringer Zahl – in den sonntäglichen Gottesdiensten bzw. sonstigen Gemeindeveranstaltungen zu

Bibelarbeit mit Frauen

finden. Darin unterscheiden sie sich besonders von den Frauen in der Kirche. Sie haben offenkundig aus der Erfahrung, daß ihre Lebenswirklichkeit im Raume der Kirche keinen Platz findet, die Konsequenzen gezogen und sich innerlich wie äußerlich distanziert. Sie waren weniger bereit, sich vertrösten zu lassen und in ihren konkreten Arbeits- und Lebensbedingungen mit Hilfe biblischer Aussagen einen »tieferen« Sinn zu entdecken. Ihnen war wohl nicht glaubhaft zu machen, daß die Befreiung, von der die Bibel spricht, selbstverständlich nicht eine Änderung ihrer Lebensbedingungen und Arbeitsverhältnisse meinen könne. Umgekehrt war es wohl auch schwerer, hier theologische Argumente zu finden, die die Ausbeutungssituation als gottgewollte Bestimmung hätten begründen können.

Doch daß die gottgewollte Bestimmung der Frau im Gattin-, Hausfrau- und Mutterdasein aufgeht, das ist noch heute sehr häufig im Raum der Kirche zu hören und wird auch immer wieder gern gehört und geglaubt – von Frauen und Männern. Man denke sich nun einmal einen Prozeß der Bewußtwerdung von Frauen, in welchem die Mehrzahl von ihnen nicht mehr bereit ist, ihr bislang als »natürlich« empfundenes Dasein zu akzeptieren. Wie werden sie sich verhalten? Müssen nicht auch sie notwendig eine Distanz zur Kirche gewinnen, da sie in dem ihnen dort begegnenden tieferen Sinn ihrer Bestimmung nur mehr noch eine rückwärtsgewandte Ideologie sehen können? Wen wird es dann noch interessieren, daß nicht die Bibel selbst, sondern ihre Auslegung die widersprüchlichen und bitteren Erfahrungen von Frauen zur Idealität eines christlich-dienenden und leidenden Daseins erhoben haben?

Bibelarbeit mit Frauen hat darum für mich das Ziel, daß Frauen mit Hilfe der Bibel den Käfig wahrnehmen, in den man ihre Gaben und Fähigkeiten eingesperrt hat, ihn öffnen und das Fliegen wagen. Dies muß im Raume der Kirche anfangen. Selbst Paulus, der den Frauen durchaus ihre gesellschaftlich zugemutete Rolle verschreibt (1 Kor 11,2ff), spricht da, wo er die Dienste in der Gemeinde aufzählt (Röm 12,3ff; 1 Kor 12,12ff), von »Charismen« (Gnadengaben), nicht von nach Geschlechtern aufgeteilten Funktionen. Auf diesem Hintergrund muß der eingangs zitierte Ausspruch einer Frau: »Mich ärgert, daß unsere Ideen und unsere Phantasie nicht (in der Gemeinde) ankommen«, in besonderer Weise in den Ohren klingen. Er spricht die Erfahrung aus, daß die Geschichte der Frauen in der Kirche auch eine Geschichte eingesperrter Charismen ist – oder bildlich ausgedrückt: dem den Frauen verliehenen heiligen Geist wurden die Flügel gestutzt. Auch ich selbst bin außerhalb des Käfigs noch unsicher und weiß noch nicht so recht, wie das Fliegen geht. Insofern habe ich den Frauen, mit denen ich gemeinsam die Bibel lese, nichts voraus. Meine theologische Ausbildung ist Hilfe und Käfig zugleich.

Renate Wind

Plädoyer für einen neuen Amtsbegriff

Vorwort (um Mißverständnissen und Protesten vorzubeugen):
Es handelt sich hier streckenweise um eine Satire. Für sie gilt:
»Übertreibt die Satire? Sie muß übertreiben!«
(Kurt Tucholsky).

Bei dem, was auf den folgenden Seiten zusammengetragen wurde, handelt es sich weder um wissenschaftliche Analysen noch um ausdiskutierte Konzeptionen. Es ging vielmehr darum, die verschiedenartigsten Probleme zusammenzustellen, mit denen sich Frauen in der Hemisphäre des Amtes konfrontiert sehen. Herausgekommen ist dabei zunächst ein Sammelsurium von kritischen Impressionen, wie sie derzeit unter Frauen, die als Pfarrfrauen oder Pfarrerinnen mit dem »Amt« (schwer) zu schaffen haben, ausgetauscht werden.

Sammelsurien entziehen sich bekanntlich jedem Versuch der Systematisierung, enthalten dafür aber eine gewisse Spontaneität, die geeignet sein dürfte, die wunden Punkte festgefahrener Ideologien und Strukturen offenzulegen. Somit könnten die hier gesammelten spontanen Proteste und Alternativen dazu beitragen, ein Problembewußtsein zu schaffen, auf dessen Basis (systematisch) weitergedacht werden kann.

Weitere Vorbemerkungen:

Das an einigen Stellen des Sammelsuriums auftauchende »wir« ist nicht der »Plural majestatis«, sondern der Ausdruck gemeinsamer Probleme und Erfahrungen.

Wenn das Sammelsurium streckenweise unausgegoren sein sollte, so hängt dies mit seinem Gegenstand zusammen: es beschäftigt sich mit der derzeit unausgegorenen Situation des Amtes und ist aus eben dieser heraus entstanden.

Wenn im weiteren Verlauf des Sammelsuriums vom Amt die Rede ist, dann ist natürlich das Pfarramt gemeint.

Ein Pfarrkonvent im Jahr 2000 oder: Nehmen sie es wie ein Mann, Madam!

Liebe Schwestern und auch liebe Brüder!
In meinem neuen Amt als Dekanin, zu dem mich die Schwestern des Kirchenkreises M. gerufen haben, möchte ich unseren heutigen Pfarrkonvent eröffnen und Sie alle sehr herzlich begrüßen. Mein besonderer Dank gilt heute unserer Schwester X. die uns diesmal ihr Gemeindehaus zur Verfügung stellte, und ihrem lieben Mann, der zusammen mit seinen treuen Mitarbeitern so trefflich für unser leibliches Wohl gesorgt hat.
Damit wir freilich bei diesem leiblichen Wohl nicht stehenbleiben, ist uns das Wort mitgegeben: sorget nicht für den morgigen Tag, trachtet zuerst nach dem Reich Gottes, so wird euch alles übrige zufallen . . .
(Kommentar in der Gemeindehausküche: aber wehe, wenn ihr Mann das Essen nicht pünktlich auf dem Tisch hat und um zweie hat sie Beerdigung!)
Bevor wir nun zu unserer Tagesordnung übergehen – ja, bitte, Schwester Z.!
Ich möchte doch vorher noch darauf hinweisen, daß wir wieder einmal einen Konvent zusammen mit unseren Pfarrmännern machen sollten. Ich denke, es wäre allmählich an der Zeit, zumal soeben der Pfarrmännertag stattgefunden und einigen Staub aufgewirbelt hat. Ich erinnere hier nur an das zwiespältige Echo unserer Männer auf den Vortrag von Frau Professorin Hämmern über den »Pfarrmann auf der Suche nach Selbstverwirklichung in Pfarramt und Familie«. Ich meine, wir sollten hier der Auseinandersetzung mit den drängenden Problemen zumal unserer jungen Pfarrmänner nicht aus dem Wege gehen und das Gespräch suchen, bevor sich die Fronten verhärten. . .
(Freundliche Zustimmung im Saal, es hagelt Angebote und Vorschläge, die Belegschaft der Gemeindehausküche bleibt cool, sie kennt das schon!)

Plädoyer für einen neuen Amtsbegriff

Ich kann Ihnen nur von ganzem Herzen beipflichten, Schwester Z., meinem Mann und seinem Männerkreis wäre es eine Ehre, eine solche gemeinsame Geselligkeit in einem etwas gemütlicheren Rahmen auszurichten...
Denkbar wäre auch, einen Pfarrmänner-Gesprächskreis während unserer Konvente einzurichten, bei dem das zur Sprache kommen kann, was eben Männer so interessiert. Man könnte Referentinnen dazu einladen, ein kleines Alternativprogramm veranstalten, wie etwa die Vorstellung neuer religionspädagogischer Literatur...
Es hat da auch einmal die schöne Tradition in unserem Kirchenkreis gegeben, daß der alte Dekanmann mit unseren Pfarrmännern neue Kirchenlieder einstudiert und dem Konvent hernach zu Gehör gebracht hat. Wie wohl hat es uns getan, nach den vielen sachlichen Problemen, die unsere Konvente beherrschen, von unseren Männern ein frohes Lied zur Stärkung unserer Gemüter zu vernehmen...
(Schwester N., erst seit wenigen Wochen in Amt und Würden, meldet sich mit allen Anzeichen heftigen Unmuts)
Ich möchte im Hinblick auf unsere zwar verschwindend wenigen, aber immerhin doch vorhandenen Kollegen (gemeint sind die Brüder, Anm. d. Übers.) darauf hinweisen, daß es nicht nur Pfarrerinnen, sondern auch Pfarrer gibt, und somit nicht nur Pfarrmänner, sondern auch Pfarrfrauen. Dieser Gedanke ist natürlich noch ungewohnt, aber wir müssen uns ja wohl langsam darauf einstellen...
(Dankbarer Applaus von Seiten der drei anwesenden Jungpfarrer)

Szenen aus dem Pfarrkonvent des Jahres 2000?
Nicht ganz undenkbar, denn inzwischen sind nahezu 40% der Theologiestudenten weiblichen Geschlechts. Angenommen, diese Tendenz würde weiter steigen, wäre der »Pfarrer« in absehbarer Zeit ein »Frauenberuf«. Wie würden die Pfarrkonvente unter diesen Voraussetzungen aussehen? So wie heute – nur umgekehrt?
Wir, die wir als Vikarinnen, Pfarrerinnen, Pfarrfrauen mit Religionslehrerdeputat (und als solche eben zum Konvent und nicht nur zum Kaffee-, Singe-, und Gesprächskreis zugelassen) regelmäßig dem Szenarium eines Pfarrkonventes beiwohnen, können es nicht leugnen: wir sitzen manchmal hinterher bei einem Bier und drehen einfach den Spieß um! Wir spielen den Pfarrkonvent mit

vertauschten Rollen durch! Das Material ist authentisch und überreichlich vorhanden, die Satire muß nicht erfunden werden, die Wirklichkeit liefert sie frei Haus. Zur vollkommenen Nachbildung der Wirklichkeit fehlen nur die männlichen Zuhörer (resp. die Brüder) und ihre langen Gesichter. Die Brüder aber sind längst enteilt – zu ihren Amtspflichten oder ihren Frauen, die am Morgen gesagt haben: ausgerechnet am freien Montag ist euer blöder Konvent, und wann fahren wir mal einkaufen?

Auch ohne die Brüder – solche Planspiele sind immer wieder ein »inneres Missionsfest«, weil sie – wenn auch nur fiktiv – Frustrationen abbauen und Rache nehmen: an jenen Ideologien, Verhaltensweisen und Sprachregelungen nämlich, derer sich die Brüder so selbstverständlich bedienen – die aber, auf sie selber angewandt, ihnen als blanke Zumutung erscheinen würden.

Jedoch: ein »inneres Missionsfest« ist auf die Dauer zu wenig und Rache ist kein Therapeutikum für Frustration, erst recht nicht auf der Ebene der Fiktion. Wir haben den fiktiven Rollentausch auch nicht vorgenommen, um ihn in die Tat umzusetzen, sondern um Betroffenheit über bisher kaum hinterfragte (männliche) Denkmuster auszulösen.

Freilich tun wir dies nicht aus reiner Selbstlosigkeit (obwohl uns dieselbe nach Auskunft einiger Brüder zur besonderen Zierde gereichen würde!). Wir wollen betroffen machen, weil wir selber betroffen *sind*, und dies in mehrfacher Weise.

Nehmen wir noch einmal den oben authentisch, wenngleich verkehrtherum beschriebenen Pfarrkonvent zum Exempel und zum Hintergrund:

Wir sind betroffen als solche, die von Beruf Pfarrer, von Geschlecht jedoch Frau sind – und also Fremdkörper in einer Versammlung von Männern, die uns deutlich machen: im Grunde gehört ihr an die Kaffeemaschine und in den Singekreis der Dekansfrau und in den Gesprächskreis, den wir für euch veranstalten. Wir sind außerdem betroffen als solche, die nicht nur selber Pfarrer oder Religionslehrer, sondern zugleich Frau eines Pfarrers sind, weil wir nämlich in einen schier unlösbaren Konflikt geraten – gehören wir doch plötzlich sowohl auf den Konvent als auch an die Kaffeemaschine und in den Singe- und Gesprächskreis.

Plädoyer für einen neuen Amtsbegriff

Wir sind schließlich betroffen als solche, die als Pfarrerin mit einem Pfarrer oder Nicht-Pfarrer liiert sind und uns vorstellen, wie sich unser Partner auf die Aufforderung zum Kaffeekochen oder die Einladung zum Singe- und Gesprächskreis hin fassungslos an die Stirn tippt und uns darauf hinweist, daß er dafür nicht Theologie/Maschinenbau/Juristerei studiert hat, daß er besseres zu tun weiß und daß wir wohl nicht ganz bei Trost sind.

Wir sind vor allen Dingen betroffen als solche, die nicht nur mit einer Amts*ideologie* konfrontiert werden, in der männliche Denkmuster dominieren, sondern auch mit einem Amt, das seiner *Struktur* und Organisation nach bis heute auf der ehernen, unumkehrbaren Rollenverteilung zwischen Pfarrer und Pfarrfrau beruht. Diese Entdeckung hat die fiktive Zukunftsvision ebenso ausgelöst wie die Frage nach einer zukünftigen alternativen Amtspraxis, die von Frauen mitgestaltet wird. Diese kann in der Tat nicht wie die in die Zukunft verlängerte gegenwärtige Praxis unter umgekehrten Vorzeichen aussehen – das wäre weder machbar noch überhaupt wünschenswert – sondern wird einen neuen Amtsbegriff und eine Amtspraxis erfordern.

Ein solches Amt wäre dann in seiner Endkonzeption weder die Übernahme des männlichen Amtes durch eine zufällig (un-)weibliche Amtsperson noch ein weibliches Anti-Amt. Denkbar und wünschenswert wäre vielmehr ein Amt, mit dem sich Frauen und Männer gleichermaßen identifizieren können, weil in ihm die spezifischen Fähigkeiten jedes einzelnen entfaltet und integriert werden und auf partnerschaftlicher Ebene koordiniert werden können. Bis zur Verwirklichung dieser schönen Vorstellungen ist es freilich noch ein weiter Weg, und zwar nicht in *erster* Linie deshalb, weil die Brüder (auf welcher Stufe der Hierarchie sie sich auch befinden) so ungern von ihrer männlichen Amtsideologie lassen, sondern weil diese Amtsideologie den vorgegebenen Amtsstrukturen entspringt.

Daher reicht es auch nicht, Betroffenheit auszulösen, die lediglich zu bußfertiger Einkehr und moralischem Appell führt, auch wenn dies ein Anfang für tiefergehende Veränderungen sein könnte, die an der Struktur des Amtes ansetzen und auf diesem Wege langfristig auch veränderte Denk- und Verhaltensweisen hervorbringen. Erst auf der Grundlage einer alternativen Amtspraxis wird sich

auch ein allgemein anerkannter alternativer Amtsbegriff durchsetzen, der der Realität Rechnung tragen wird, daß die Richtlinien dieser Praxis nun eben auch von Frauen festgelegt werden.
Deshalb wollen wir nicht in gut feministischer Art männliche Köpfe einschlagen, sondern männliche Strukturen verändern. Insofern sind auch die weiteren Überlegungen kein Sturm auf den überall mehr oder weniger ausgeprägten Chauvinismus, sondern auf die chauvinistische Struktur eines Amtes, das einerseits von männlichem Chauvinismus geprägt wurde, diesen aber nun andererseits bestätigt und reproduziert und sich schließlich in ihm manifestiert. Vor dem Sturm jedoch eine kleine Bestandsaufnahme dessen, was denn nun konkret gestürmt werden soll, eine kurze Beschreibung des bisherigen Amtes und seiner beiden Säulen, des Pfarrers und der Pfarrfrau, sowie der Probleme, die das Auftauchen einer Pfarrerin innerhalb dieser Amts-, Kirchen-, Welt- und Gottesordnung mit sich bringt.

Die Krone der Schöpfung, soweit sie den männlichen Teil betrifft: Der Pfarrer

Der Pfarrer ist ein Mann mit einem Amt, das dazu angetan ist, die ihm zugeschriebenen Eigenschaften wie Verstand, Leistung, Kraft und Machtwillen in schönster Weise zur Geltung zu bringen. Er hat einen Beruf, in dem er sich nicht nur seinem eigenen Selbstverständnis gemäß entfalten und verwirklichen kann, sondern auch eine Fülle von Machtfunktionen innehat, die ihm seine männliche Herrscherrolle bestätigen.
Wenn er auf der Kanzel steht und »verkündigt«, darf ihm keiner widersprechen, und meistens nutzt er das weidlich aus, um seinen Hörern nachdrücklich seine Meinung zu sagen. Wenn er im Frauen- oder Altenkreis seine Besinnung hält, hängt alles an seinen Lippen, und souverän bringt er die ganze Gesellschaft zum Lachen oder Weinen, wie es ihm gefällt. Er ist für sämtliche Kreise der Gemeinde verantwortlich und fungiert dort als Leiter und/oder Schutzpatron. Ohne mich würde hier nichts mehr laufen, stöhnt er schwer und trägt seine Bürde mit freudigem Stolz.
Bei Hausbesuchen zieht er wie ein milder Regen übers Land, erteilt Ratschläge und verteilt Tröstungen.

Wenn in vielen Fällen auch von keinerlei Sachkenntnis getrübt, mischt er doch überall mit und weiß auf jede Frage eine Antwort. Wenn er keine wüßte, dürfte er das weder vor sich selber noch vor anderen eingestehen. Er darf nicht wirklich solidarisch sein mit seinen von Unzulänglichkeiten, Schicksalsschlägen und Ratlosigkeiten geplagten Gemeindegliedern, denn – und das ist der Punkt! – er ist der Herr Pastor, er ist der Hirte!
Er steht in einsamer Verantwortung seiner Herde vor, die von ihm erwarten kann, daß er den Weg und die Wasserlöcher kennt.
Er klagt über die Last der Verantwortung und will sie doch nicht abgeben. Denn er lebt davon, daß andere nicht so recht weiterwissen, und wird sich daher hüten, ihre Mündigkeit ihm und anderen Machthabern gegenüber zu wecken oder zu fördern.
Er liebt sein schweres und einsames Amt und identifiziert sich mit ihm. Er spricht von »seinem« Gemeindehaus, »seinem« Jugendkreis, »seinen« Seelen, »seiner« Kirche und »seiner« Gemeinde. Indem er schließlich ständig darauf verweist, daß er dies alles eigentlich nicht selber, sondern in Stellvertretung und Auftrag des Herrn ist und tut, verleiht er dem, was er konkret eben doch selber ist und tut eine fast unangreifbare Dignität.
Nun liegt es zwar auf der Hand, daß solches Verhalten nicht allein einem männlichen Chauvinismus entspringt, sondern in der überindividuellen chauvinistischen Struktur des aus ständisch-patriarchalischen Zeiten überkommenen Hirtenamts begründet liegt und nicht zuletzt auch durch die Erwartungshaltungen zumindest der »Kerngemeinde« reproduziert wird. Doch kommt eben dieses Amtsverständnis und diese Amtsstruktur andererseits gewissen männlichen (Un-)tugenden entgegen, um diese schließlich zu ihrer vollen Entfaltung zu bringen.
Dennoch: wer den Werdegang eines Kommilitonen von einem mit allen Problemen und Bedürfnissen des normalen Menschen ausgestatteten jungen Mannes zur Amtsperson verfolgt, wird sich bei aller Kritik an letzterer auch eines gewissen Mitleids nicht enthalten können – denn die Grenze zwischen freiwilliger und notgedrungener Identifikation mit dem Amt ist nicht immer eindeutig feststellbar. Die ungebrochene männliche Selbstverwirklichung im Amt kann nämlich dort zur Entfremdung werden, wo der Inhaber des Amtes neben den geforderten Tugenden auch noch andere Qualitä-

ten, Bedürfnisse oder gar eigene Problempotentiale in sich vermutet. Diese werden allerdings im Amt nicht gebraucht und sollten schnellstens vergessen werden – es sei denn, man lebt in ständiger Auflehnung gegen die Amtsperson in sich oder organisiert sich eine geschickte Doppelexistenz. Solche Versuche gibt es allerorten auch – nur haben sie bislang lediglich die Psyche der Betreffenden, nicht aber die Struktur ihres Amtes verändert. Deshalb wird auch weiterhin die resignative Anpassung an das Amt vorherrschen: der angehende Pfarrer wird sein Privatleben schnellstens unter Dach und Fach bringen, seine privaten Schlupflöcher zustopfen, die Rolle des Allround-Hirten übernehmen und sich mit dem Gefühl unbegrenzter Macht und absoluter Unabkömmlichkeit entschädigen.
Kein Wunder, daß eine solche Position ein Pendant braucht, das den Stress, die Leistung, die ständige Aktion und die Machtfunktion des Hirten ausgleicht, sowohl in seinem persönlichen als auch im Gemeindeleben: die Pfarrfrau muß her!
Sie ergibt sich also gleichfalls aus der Struktur des Amtes und ist zugleich die ideale »Partnerin« in jenem Geflecht individueller und struktureller Chauvinismen, ob sie das nun will oder nicht. In dem Augenblick, wo sie einem (angehenden) Pfarrer zu tief in die Augen blickt, ist ihr Schicksal besiegelt.

Die Krone der Schöpfung, soweit sie den weiblichen Teil betrifft: Die Pfarrfrau

Jetzt singe ich mit frohem Mund
aus meines Herzens Lust,
ich mache von der Pfarrfrau kund,
was mir von ihr bewußt.

Ich weiß, daß sie aus Gottes Gnad
dem Pfarrer ist beschert.
Durch sie die Kirche früh und spat
gar große Hilf erfährt.

Wer kleidet uns für Frost und Hitz
und sorgt für Haus und Kind?
Wenn Gäste kommen wie der Blitz,
wer tischt dann auf geschwind?

Plädoyer für einen neuen Amtsbegriff

Wer wartet bis tief in die Nacht
auf uns und lauscht dem Groll,
den als Geschenk wir heimgebracht,
ein traurig Protokoll?

Wer stärkt des Bäffchens weißen Sturz
und bürstet den Talar?
Wer sagt dem Prediger: Mach's kurz!«
und lobt ihn, wenn er's war?

Wer rennt zu Telefon und Tür
und klebt Briefmarken auf?
Wer hat für Leute ein Gespür,
hemmt oft des Unheils Lauf?

Den Frauenkreis, wer leitet ihn,
den Club für jung und alt?
Wer fährt mit allen nach Berlin,
Taizé und Grindelwald?

Wer orgelt, wenn der Kantor fehlt,
und singt im Kirchenchor?
Wer schaut nach dem, den etwas quält,
bereitet Bazars vor?

Die Pfarrfrau ist's, ihr gilt der Ruhm!
Sie kann noch viel mehr tun:
Sie hält die Wach vor unsrer Tür
und läßt uns sicher ruhn.

Ob Seelsorge, ob Unterricht,
ob sonst was treibt der Mann(?),
für sie bedeutet es Verzicht.
Gottlob, daß sie das kann!

Drum steigt der Bischof mit Genuß
trotz seiner alten Tage
vom Amtsschimmel zum Pegasus,
daß er's gereimt ihr sage.

Das Lied fliegt in des Pfarrers Haus
und grüßt des Pfarrers Zier:
»Nimm, Schwester, diesen Blumenstrauß,
auch wenn er aus Papier!«

Dieses Gedicht des badischen Landesbischofs (zu singen auf die Melodie: Nun danket all und bringet Ehr) stammt aus allerjüngster Zeit, besticht jedoch durch eine gewisse Zeitlosigkeit. Zwar trifft es beileibe nicht mehr ungebrochen das Selbstverständnis heutiger Pfarrfrauen, aber das ist auch nicht ausschlaggebend – ihre erwünschte sowie objektiv immer noch bestehende Funktion innerhalb des Amtes ihres Mannes beschreibt es mit wünschenswerter Deutlichkeit, und deshalb ist es heute noch so aktuell wie vor zweihundert Jahren. Auch wenn dies heute gemeinhin nicht mehr ganz so barock ausgedrückt wird – der Kern der Sache ist weiterhin unumstritten und wurde jüngst in einem Vortrag von Professor Bohren mit moderneren und differenzierteren Vokabeln neu bestätigt: daß nämlich der totalen männlichen Selbstbehauptung auf der einen die totale weibliche Selbstaufgabe auf der anderen Seite zu entsprechen hat.
Es ist die Struktur des Pfarramtes selbst, die diese Rollenverteilung mitsamt der dazugehörigen Ideologie hervorgebracht hat und weiter hervorbringen wird, weil sie nämlich ohne diese Rollenverteilung und ihre Ideologie nicht mehr funktionieren würde.
Ideologie und Struktur des Hirtenamtes schließen alle Ansätze partnerschaftlicher Lebens- und Arbeitsformen aus, sowohl theoretisch als auch praktisch. Denn ein jeder wird einsehen, daß ein Hirte, der sich in seiner Familie und seiner Gemeinde auf die Ebene der Herde begibt, strenggenommen kein Hirte mehr ist. Der Hirte hinwiederum kann seine Machtfunktionen und seine Amtsexistenz nur dann durchhalten, wenn sich seine nächste Umgebung seinem Gestaltungswillen einpaßt und diesen bestätigt.
Hier liegt nun das eigentliche Problem jener Pfarrfrauen, die sich mit dieser Rolle nicht länger zufrieden geben wollen. Sie werden nicht nur mit Hilfe einer Ideologie von ihren emanzipatorischen Anliegen abgehalten, nach der Emanzipation und Selbstverwirklichung, soweit sie die Frau betreffen, Ausdruck von Ichbezogenheit und Gottlosigkeit seien, sie werden in ihrem emanzipatorischen

Plädoyer für einen neuen Amtsbegriff

Streben auch immer wieder von der Realität des Pfarramtes und seiner Anforderungen eingeholt. Den meisten bleibt nicht viel anderes übrig, als sich in die Organisation und Struktur des Amtes ihres Mannes zu integrieren oder aus Amt und damit auch Ehe auszusteigen.
Das ist der Grund, warum das Pfarrfrauenproblem bisher immer nur zu individuellen, aber keinen kirchlichen Konsequenzen geführt hat, bei denen das kirchlich-patriarchalische Frauenbild und die chauvinistische Struktur des Amtes in Frage gestellt worden wäre. Und so ist es beinahe bis heute bei der alten Rollenverteilung und der überkommenen Amtspraxis geblieben: das Amt trägt weiterhin alle Züge männlicher Eigenschaften und wird von ihnen gestaltet, während die von der Pfarrfrau eingebrachten weiblichen Eigenschaften sich dieser Gestaltung dienend und ausgleichend unterordnen.
Diese jahrhundertelang bewährte Ordnung wird nun freilich empfindlich gestört durch eine Spezies von Mensch, die es nach dieser Ordnung im Grund gar nicht geben darf: die Pfarrerin.

Die Krone der Creatio Continua: Die Pfarrerin

Eine Pfarrerin ist eine vom Amts- und überhaupt Verständnis der Kirche nicht vorgesehene Weiterentwicklung der Schöpfung und ihrer Ordnung.
Eine Pfarrerin ist eine Frau, die ein männlich strukturiertes Amt übernimmt, in das sie ihre weiblichen Eigenschaften nicht nur dienend, sondern schöpferisch und gestaltend einzubringen gedenkt. Das bringt allerdings die verschiedensten Probleme mit sich.
Nehmen wir an, die Pfarrerin bringt solche »weiblichen« Tugenden wie Toleranz, Kommunikation, Kreativität, Spontaneität und Einfühlungsvermögen (wobei nicht gesagt werden soll, daß sie nicht auch ebensogut männliche Komponenten in sich trägt wie der Pfarrer weibliche, siehe oben!) in ihr Amt mit: bei der derzeitigen Struktur und Organisation dieses Amtes dürften diese Tugenden und Fähigkeiten beinahe nur am Rande aufblühen oder sogar langsam aber sicher verkümmern. Denn die ungeheure Vielfalt von menschlichen Problemen und Erwartungen, die sich dem Pfarrer/

der Pfarrerin auf den verschiedenen Arbeitsfeldern auftun, können praktisch nur noch mit dem männlichen Mechanismus der Verdrängung aller persönlichen Regungen und Erschütterungen bewältigt werden. Kommunikation, solidarisches Einfühlen und Mitleiden sowie praktische Hilfe brauchen in jedem einzelnen Fall ein Vielfaches der Zeit und Energie, die der Pfarramtsterminkalender zuläßt. In solchen Situationen kollidieren die Fähigkeiten und Eigenschaften der Pfarrerin immer wieder mit jenem Hirtenamt, in dem vor lauter Verwaltung, Management und Aktion das Mitleben und Mitleiden mit fliegenden Fahnen untergeht, weil es der Machtfunktion des Hirten diametral entgegengesetzt ist.

Aber es gibt noch einen anderen Grund, warum es die Pfarrerin nie zu einem richtigen Hirten bringen wird: sie ist eben nicht nur ein Teil jener Amts- und Organisationsstruktur, die sich aus den entgegengesetzen Polen Pfarrer und Pfarrfrau zusammensetzt, sie muß diese beiden Pole theoretisch und praktisch in sich vereinigen, hängt sie doch jeweils mit einem Bein in einem dieser Pole drin. Sie kann weder das männlich ausgerichtete Amt des Pfarrers übernehmen, weil sie eine Frau ist, noch das weiblich ausgerichtete Amt der Pfarrfrau, weil sie Inhaberin des Pfarramtes ist. So bringt sie mit ihrer schlichten Existenz die gesamte überlieferte Organisationsstruktur des Pfarramtes durcheinander, und hat angesichts dieses Dilemmas im Grunde nur zwei Möglichkeiten: aus dem Amt auszusteigen oder eine neue Amtspraxis zu entwickeln.

Gehen wir einmal in ungebrochenem Optimismus davon aus, daß nur das letztere in Frage kommt, dann ist zumindest eines ganz sicher: eine solche neue Praxis wird nicht länger auf der alten Rollenverteilung zwischen Pfarrer und Pfarrfrau beruhen.

Denn jedem ist sofort einsichtig, daß in der Amtspraxis der Pfarrerin das Pendant zu dieser Rollenverteilung fehlt: den Pfarrmann wird es nicht geben. Die Pfarrerin wird ihre Selbstverwirklichung nicht auf dem Rücken der Selbsthingabe ihres Partners durchsetzen können und wollen. Sie müßte auch erst einmal einen finden, dem die Rolle des Pfarrmanns als Lebensziel ausreicht. Und es liegt auf der Hand, daß auch jene Männer, die so treffliche Worte über das (prinzipiell sicher nicht verkehrte) »Mitsein« der Pfarrfrau gefunden haben, für sich selber diese *Form* des Mitseins entschieden ablehnen würden!

Plädoyer für einen neuen Amtsbegriff

So bleibt der Pfarrerin wiederum nichts weiter übrig, als entweder auf die Ehe oder das Amt zu verzichten oder aber eine Arbeitsform zu finden, in der Beruf und Partnerschaft unter einen Hut gebracht werden können.
Dieses Problem kann freilich nicht individuell gelöst werden. Denn hier wird nicht nur die kirchliche Frauenideologie, die sich in der Rolle der Pfarrfrau kristallisiert, sondern auch das kirchliche Hirtenamt in seiner bisherigen Struktur und Ideologie in Frage gestellt.
Diese Tatsache wird nun allerdings der kirchlichen Hierarchie erst ganz allmählich bewußt, weil die Probleme, die sich daraus ergeben, bisher mangels Masse durch individuelle (Nicht-)lösungen übergangen werden konnten. Die wenigen Pfarrerinnen vergangener Generationen mußten sich notgedrungen dem männlichen Amtsverständnis unterordnen und durften zwecks Vermeidung von Kollision mit demselben eben nicht heiraten. Diejenigen, die dann nach Aufhebung dieses evangelischen Zölibats doch heiraten durften, haben, soweit sie es taten, sehr bald vor dem Widerspruch zwischen amtlicher und privater Existenz resigniert.
Nun jedoch wird die Spekulation, daß die Realität des Pfarramtes die alte Ordnung schon von selber wieder herstellen wird, langsam aber sicher hinfällig: 40% der Pfarrer weiblichen Geschlechts werden nicht mehr so selbstverständlich auf Partnerschaft, Familie und Haushalt, auf die Entfaltung ihrer weiblichen Identität im beruflichen und privaten Leben verzichten. Sie werden sich – hoffentlich – mit den Pfarrfrauen zusammentun (Pfarrer dürfen natürlich auch mitmachen!) und das ständisch-patriarchalische Hirtenamt mitsamt seiner (Frauen-)ideologie, seiner chauvinistischen Struktur und der kirchlichen Vereinsfahne von 1850 in die Reliquienkammer des Kirchengehäuses verbannen!
Herauskommen könnte dabei eine Amtspraxis, die nicht mehr auf einsamer Macht, alleiniger Verantwortung und ständiger Aktion beruht, sondern auf partnerschaftlicher Zusammenarbeit und solidarischer Existenz. Sie könnte aus dem Hirten wieder einen normalen Menschen machen, der die Bedürfnisse, Probleme und Lebensweisen seiner Umgebung teilt und also wieder wirklich verstehen lernt. Sie würde die Figur der rund-um-die-Uhr-Amtsperson abschaffen zugunsten eines Lebens- und Arbeitsrhythmus, der ne-

ben den beruflichen Anforderungen auch die persönlichen Bedürfnisse berücksichtigt und organisierbar macht. Sie müßte schließlich dazu führen, daß der Pfarrer/die Pfarrerin seinen/ihren Beruf endlich in menschlichen Grenzen versieht: das zu tun, was ihren jeweiligen Fähigkeiten und Qualifikationen wirklich entspricht, das richtig zu tun und von anderen Sachen die Finger zu lassen.

Dazu ist freilich eine kollektive Organisation und ein partnerschaftlicher Geist unerläßlich, und beides wird sich nicht von heute auf morgen in die Tat umsetzen lassen. Dennoch könnte in diesem langwierigen Prozeß struktureller Veränderungen ein neues Amtsverständnis entstehen, in das die Erfahrungen von Frauen und Männern gleichermaßen einfließen und dort zugunsten einer allseitigen, schöpferischen Praxis koordiniert werden können.

Mit solchen, wenngleich noch ungewohnten Vorstellungen nehmen wir die Kirche letztlich nur bei ihrem eigenen Anspruch. Eine Kirche, die Kirche für die Welt sein will, darf in ihren eigenen Institutionen nicht bei Strukturen stehenbleiben, die bereits seit Jahrzehnten durch die gesellschaftliche Entwicklung überholt sind. Sollte nun jedoch jemand mit theologischer Listigkeit einwenden, die Kirche sei zwar für diese Welt, aber nicht von dieser Welt, und sei daher zu allen Zeiten zu jenem oben beschriebenen Hirtenamt berechtigt und verpflichtet, so müssen wir abschließend noch für unsere Argumentation die Autorität des Amtsstifters ins Spiel bringen.

Gott ist mehr als ein Mann
oder
She's Black!

Dorothee Sölle brachte letztens den neuesten Slogan der (kirchlichen) Frauenbewegung der USA mit über den Teich, die Antwort eines amerikanischen Astronauten auf die Frage des frommen Mr. President nach dem Aussehen Gottes: She's black!

Zwar ist dieser Slogan ein durchaus einseitiger feministischer Gegenschlag gegen den Männergott, er beinhaltet jedoch die grundsätzliche Wahrheit, daß Gott eben nicht so aussieht wie die, welche die Macht und das Sagen (über ihn) haben. Dies gilt für viele Ebenen, und eine davon betrifft auch das (Selbst-)verständnis der Frauen.

Plädoyer für einen neuen Amtsbegriff

In der Existenz und der Botschaft Jesu sind auch jene bislang als Maßstab des Denkens und Lebens geltenden männlichen Werte in Frage gestellt worden. »Jesus ist der erste Mann, der die Androzentrik der antiken Welt durchbrochen hat« (Hanna Wolff) und in dessen Umgebung Frauen eine aktive und eigenständige Rolle spielen. Mehr noch: »Zum ersten Mal in der Religionsgeschichte wird ein Gott verkündet, der nicht nach religiöser Leistung, Besitz und Aktion mißt, sondern sich an dem Nichts-haben, dem Nichts-sein, Nichts-tun-können orientiert. Glücklich, heil, selig sind für ihn die Empfänglichen, Armen, Hungernden, Leidenden. Damit stellt er alle Werte dieser männlich geprägten, auf Leistung, Besitz, Aktion gegründeten Welt auf den Kopf. An die Stelle setzt er die meist von Frauen verkörperten, empfangenden, duldenden, geöffneten Seinsweisen ... Um auszudrücken, was Gott für den Menschen tut, braucht er vielfach Bilder aus dem Leben und Verhalten der Frau ... Das Gottesbild Jesu fordert heraus durch die Betonung der weiblichen Seins- und Verhaltensweisen. Für andere Religionen stehen solche Seins- und Verhaltensweisen am Rande des Gottesbildes, oder sie werden in speziell weiblichen Gottheiten wiederentdeckt. In Jesu Gottesbild sind weibliche und männliche Verhaltensweisen integriert« (Elisabeth Moltmann-Wendel).
In dieser Aufhebung der Spaltung des Menschen in Vernunft und Gefühl, männliche und weibliche Rollen und Festlegungen liegt das Recht auf die Ganzheit jedes Menschen, auf die allseitige Entfaltung aller seiner Fähigkeiten gerade auch in seiner Arbeit begründet.
Von diesem Recht wollen wir Gebrauch machen und es zugleich für alle einfordern.
Dieses Recht kann sich freilich nur auf der Basis struktureller Veränderungen durchsetzen und konkretisieren. Andernfalls bleibt es ein abstraktes, rein moralisches Recht, und das wäre in der Tat nichts Neues. Das Recht, »coram Deo« gleiches Recht und gleichen Wert zu haben, ist uns ja nie bestritten worden – nur wurde es spätestens bei Paulus (wenn ihm selber auch auf Grund der Naherwartung einiges nachgesehen werden kann) auf die Ebene des Grundsätzlichen gehoben, wo es keinen Schaden mehr anrichten kann: und da ist es bis heute geblieben.
Für uns steht es daher an, dieses Recht von der Ebene des Grund-

sätzlichen herunterzuholen und in unserer konkreten Lebens- und Berufspraxis zu verwirklichen – nicht gegen, sondern mit unseren männlichen Partnern und Kollegen. Es steht an, den Prozess der Vereinigung weiblicher und männlicher schöpferischer Potenzen in Organisation, Struktur und Praxis des Amtes einzuleiten, an dessen Ende ein neuer, heute noch nicht formulierbarer Amtsbegriff stehen wird.

Bibelstellenregister

Altes Testament

Gen	1,28	106
	2–3	73.80
Ex	15,21	43
Lev	15,15ff	106
	15,19–33	106
1Sam	18,7	43
Ri	4	53
	4,4	52
	4–5	37.38
	5,1ff	39ff
	11,34	43
Hi	24,5.12	103

Neues Testament

Mt	6,25–33	105
	8,21	103.104
	10,7f	102
	10,34–37	103.104
	11,1–5	102
	21,31	106
	23,37	103
	24,37–39	103
	27,55f	101
	28,9–10	110
Mk	1,31	107.108
	3,31–35	104.112
	3,35	80
	4,40	108
	5,25–34	106f
	6,14–29	91f
	7,30ff	138
	8,1–3	107
	8,16	108
	8,32	108
	8,34–36	109
	9,36f	137
	10,2–9	104.105
	10,13–16	8.137
	10,29	104
	10,32	108
	10,42–45	104
	13,11–13	109.119
	15,34	109
	15,39	109
	15,40f	71.80.101.107.108.109
	15,47–16,8	108ff
	16,1–8	71.109ff
	16,10ff	111
Lk	1,25	121
	1,42	121
	1,60	121
	1,46–54	112
	1,53	102
	2,13	77
	2,19	121
	2,36	121
	6,20f	102
	8,1–3	101.107
	8,2	102
	8,3	101
	10,38–42	101.121ff.139
	11,26	122
	11,27f	121.122.123.124

Lk	14,26	101.104
	18,29	101.104
	22,24–27	142
	23,2	119
	24,9f	110
	24,11	71.111
	24,20f	111
	24,24	71.111f
	24,34	71
Joh	20,6–8	110
	20,18	110
Apg	1,21f	71
	9,36–40	121
	16,14f	101
	16,14–40	121
	16,15	124
	17,4.12	101
	18,3	100
	18,26	121
	21,9	121
Röm	12,3ff	142
	12,8	65
	13,1–7	119.120
	16,1f	115
	16,1–3	65f
	16,3–16	114ff
	16,7	64.65.66.115
	16,23	115
1Kor	3,5.9	65
	4,12	100
	9,4	70
	11,2–16	69.76.116ff.143
	12,12ff	143
	12,13	69
	14,23	118
	14,33–36	69.73.76.77.118
	15,3–5	70.71.81
	15,3–8	110.112
Gal	3,28	69.73.76.82.102.116
Eph	5,21–23	118
Phil	1,1	65.115
	4,2f	115
Kol	3,18	118
1Thess	1,3	115
	2,9	100
	5,12	65
1Tim	2,1ff	119
	2,9–15	73.77
	2,11–15	113.118.121.122
	3,6f	119
	5,3–16	119
2Tim	3,6f	119
Tit	2,3–5	118
	2,5	119
	2,8.10	119
1Petr	2,13	77
	3,1–6	119
	3,1–7	118

Willy Schottroff – Wolfgang Stegemann (Hg.)
Der Gott der kleinen Leute – Sozialgeschichtliche Bibelauslegungen
Band I. Altes Testament. 104 Seiten; Band II. Neues Testament. 120 Seiten.
In Gemeinschaft mit dem Burckhardthaus Laetare-Verlag.

„Die Autoren konstatieren nach gründlicher Exegese, daß Jesus selbst und seine Anhänger zu den kleinen Leuten Palästinas gehört haben müssen. Jesus zeige deswegen auch nicht, wie Ernst Bloch meinte, ‚einen Zug nach unten‘, weil er so herablassend gar nicht zu sein brauchte. Er war schon unten. Eine nur idealistische oder existentialistische Art, die Bibel zu lesen, so weisen die Autoren nach, habe die Texte in ihrer Drastik nicht ernst genommen, sondern sie spiritualisierend verharmlost."
Deutsches Allgemeines Sonntagsblatt

Gerd Theißen
Soziologie der Jesusbewegung

Ein Beitrag zur Entstehungsgeschichte des Urchristentums.
(Theologische Existenz heute 194) 112 Seiten. Kt.

„So ist es ein Verdienst der Arbeit, sowohl die soziökonomischen Verhältnisse des römischen Reiches und speziell die Palästinas z.Z. Jesu und der Urchristenheit als bestimmend für Entstehung und Entwicklung des Urchristentums darzustellen und auszuwerten. Auch die verschiedenen Gruppen und Bewegungen in Israel werden in ihrer Beziehung zum Urchristentum dargestellt, und dies ist ebenfalls für das Verständnis der Evangelien nützlich. Das Verdienst, diese Beziehungen untersucht zu haben, ist darum hervorzuheben, weil Ansätze zu solchen Untersuchungen, die mit der formgeschichtlichen Forschung gegeben waren, in der Exegese nicht weitergeführt worden sind."
Neue Stimme

Wayne A. Meeks (Hg.)
Zur Soziologie des Urchristentums

Ausgewählte Beiträge zum frühchristlichen Gemeinschaftsleben in seiner gesellschaftlichen Umwelt. Aus dem Amerikanischen von G. Memmert.
(Theologische Bücherei 62) 312 Seiten. Kt.
Der Band bietet eine repräsentative Auswahl von Beiträgen amerikanischer Bibelwissenschaftler zur Erforschung der Sozialgeschichte des Urchristentums. Sie eröffnen neue Horizonte für unsere Vorstellungen von der Lebenswelt der ersten Christen. Sie rekonstruieren den sozialen und politischen Kontext, in den die bisherigen Kenntnisse über ihr Glauben und Denken einzuordnen sind.

CHR. KAISER VERLAG MÜNCHEN

LESEZEICHEN

DIETRICH BONHOEFFER
Gemeinsames Leben
Mit einem Nachwort von Eberhard Bethge. 16. Aufl. 120 Seiten. Kt.

MICHEL CLÉVENOT
So kennen wir die Bibel nicht
Anleitung zu einer materialistischen Lektüre biblischer Texte. Mit einem Vorwort von Gerd Theißen und einer Einführung in die materialistische Bibellektüre von Kuno Füssel. Aus dem Französischen von Fernand Fehlen, Kuno Füssel und Dominique Schlechter. 192 Seiten. Kt.

HELMUT GOLLWITZER
Wendung zum Leben
Predigten 1970–1980. Mit einem Vorwort des Autors. 267 Seiten. Kst.

WALTER J. HOLLENWEGER
Wie aus Grenzen Brücken werden
Ein theologisches Lesebuch. 244 Seiten. Kt.

ERNST LANGE
Sprachschule für die Freiheit
Bildung als Problem und Funktion der Kirche. Herausgegeben und eingeleitet von Rüdiger Schloz. 200 Seiten. Gb. In Gemeinschaft mit dem Burckhardthaus Laetare-Verlag.

Die Lebensgeschichte der Josephine Butler
Eine Frau kämpft für Gerechtigkeit. Mit einem Vorwort von Elisabeth Moltmann-Wendel. 232 Seiten. Gb.

HANS WALTER WOLFF
Die Hochzeit der Hure
Hosea heute. 248 Seiten. Kt.

HANS WALTER WOLFF
Die Stunde des Amos
Prophetie und Protest. 216 Seiten. Kt.

CHR. KAISER VERLAG MÜNCHEN